朝鮮半島における言語政策の展開

1910 ～ 1979　消滅言語の危機を
乗り越えハングル専用化へ

李 善英

目次

序　章……………………………………………………………………………………　5

　第 1 節　研究の目的………………………………………………………………　5

　第 2 節　用語の定義………………………………………………………………　8

　　第 1 項　言語共同体……………………………………………………………　8

　　第 2 項　言語政策 ……………………………………………………………　12

　第 3 節　既存研究の限界 ………………………………………………………　15

　第 4 節　研究方法と構成 ………………………………………………………　19

第 1 章　日本植民地期の言語共同体（1910 年―1945 年）……………………27

　第 1 節　時代背景と政策目標 …………………………………………………　27

　第 2 節　朝鮮における朝鮮人向けの言語政策 ………………………………　29

　　第 1 項　社会教育 ……………………………………………………………　29

　　第 2 項　学校教育 ……………………………………………………………　31

　第 3 節　朝鮮語学会の浮上 ……………………………………………………　40

　第 4 節　朝鮮社会の現実 ………………………………………………………　46

　小括 ………………………………………………………………………………　48

第 2 章　李承晩政権期の言語共同体（1946 年―1960 年）……………………57

　第 1 節　時代背景と政策目標 …………………………………………………　57

　第 2 節　李承晩政権の言語政策 ………………………………………………　61

　　第 1 項　社会教育 ……………………………………………………………　62

　　第 2 項　学校教育 ……………………………………………………………　65

　第 3 節　ハングル学会の言語政策への関与 …………………………………　68

　第 4 節　韓国社会の現実 ………………………………………………………　69

　第 5 節　李承晩大統領の言語表記の使用傾向 ………………………………　75

　小括 ………………………………………………………………………………　80

第3章　朴正熙政権期の言語共同体（1961 年－1979 年）···················· 87
　第1節　時代背景と政策目標 ······································· 87
　第2節　朴正熙政権の言語政策 ····································· 90
　　第1項　社会教育 ··· 90
　　第2項　学校教育 ··· 96
　第3節　学術団体の言語政策への関与 ····························· 99
　第4節　韓国社会の現実 ··· 102
　第5節　朴正熙大統領の言語表記の使用傾向 ······················ 105
　小括 ··· 110

第4章　金日成政権期の言語共同体······························· 115
　第1節　時代背景と政策目標 ······································· 115
　第2節　金日成政権の言語政策 ····································· 116
　　第1項　社会教育 ··· 116
　　第2項　学校教育 ··· 118
　第3節　学術団体の言語政策への関与 ····························· 120
　第4節　北朝鮮社会の現実 ··· 121
　第5節　金日成主席の言語表記の使用傾向 ························· 122
　小括 ··· 126

終　章·· 131
　第1節　朝鮮半島における言語共同体の形成過程···················· 131
　第2節　朝鮮半島の事例からみる消滅危機言語の保全要因·············· 140

あとがき··· 145

参考文献··· 148

序　章

第 1 節　研究の目的

「言語」は、音声または言語表記を手段とし、人の思想・感情・意志を表現・伝達するために用いられる記号体系である[1]。現在、国際社会では 7000 の言語が使用されている。しかし、そのうち 3500 の言語の使い手は 1 万人以下に減少しており、さらにそのうちの半数の言語は既に絶滅の危機に瀕しているという。研究者の中には、2 週間に 1 つの割合で言語が消滅しているという昨今の状況を踏まえ、今後 100 年の間に現存する言語の 90% が消滅する可能性を指摘するものもいる[2]。

　言語がコミュニケーションの道具としての狭い意味しか持たないのであれば、世界中の言語を一つの言語にまとめて統一すれば便利で効率的だと言えるだろう。しかし、言語にはアイデンティティとしての広い意味も含まれているため、人間社会にとって必ずしも好ましいことばかりではない。なぜなら、言語の消滅は 1 つの言語共同体の消滅を意味するため、個人や民族のアイデンティティが消滅するという深刻な問題になりうるからである。このような状況を反映し、現在、言語を守ろうとする運動が高まりつつある。その一つに、言語を表記すること（以下、「言語表記」と表記する）でその体系を保全しようとする運動がある。

　記号体系である言語には「恣意性[3]」「二重性[4]」「転位性[5]」「創造性[6]」「構造依存性[7]」の 5 つの特性がある。なかでも、言語表記に書き留めることによって、後世の人々に伝達することを可能とする「転位性」は「言語表記」の最大の特徴であるといえる。「言語表記」は、言語を消滅の危機から保全するための最良の手段である。そのため、その研究は言語保全の観点から欠かすことのできない研究であると言える。

　消滅危機的状況に置かれている言語の類似事例は、植民地経験国の歴史の中で見出すことが可能である。植民地時代、被植民地は宗主国により自国の言語

が消滅の危機に晒されていた。大韓民国（以下、「韓国」と表記する）は、植民地時代に言語表記が分散され、言語共同体も分散していたが、解放後に自国の言語表記が一本化され、保全される中で、国民文化形成の基礎となる単一言語共同体を形作ることができた。第二次世界大戦後に独立を果たし、単一の言語共同体を持つ旧植民地国のうち、韓国は自国の独自の言語と言語表記を回復した経験を持つ唯一の国である。

　韓国は古代から中国の影響を受けて「漢字」が使われてきた。生活における主な言語表記は「漢字」とそれから構成される「漢文」であったが、1443 年の世宗大王時代に「訓民正音（ハングル）」が創製され、ハングル共同体が現われた。しかし、知識層はそれまで通り漢字・漢文表記を常用し、社会階級の最下層の人々及び女性や子どもがハングルを常用語としていた。朝鮮時代には「漢字」と「ハングル」の言語表記を使用する 2 つの共同体に分かれていた。そして、それ以前まで知識層のみが使用した「漢字・漢文」は、徐々にハングル混じり表記の「漢字混用」として、国民の日常生活に普及した。ところが日本植民地期に言語表記（ハングル、漢字）の認識に大きな変化が起こる。

　韓国の言語表記単一化政策の特異性は、他の植民地経験国と比較することにより、明確にすることが可能である。そこで本書では、まずアジアの中で植民地経験を持つベトナムと台湾における言語表記政策を簡単に取り上げる。

　まずベトナムは、千年余りにわたって中国の支配下に置かれていたということもあり、言語表記として「漢字」「漢文」が自然に使われていた。現在のベトナム語辞書に登録されている語彙の約 7 割が、漢語起源であるとされている[8]。14 世紀から 19 世紀までは漢字をもとにした「字喃／𡨸喃（チュノム）」という言語表記を使用したが、それは知識人階層のみであり、一般的には漢字の言語表記を使用する状況であった[9]。そうした中、フランス植民地支配期にローマ字[10]によるベトナム語表記が導入された。1975 年ベトナム戦争の終戦後には、ベトナムにおいてベトナム語（クオック・グー：Chữ Quốc Ngữ）を使用し、表記法はフランス統治期に使用したローマ字表記がそのまま普及された。言語表記政策においては表記法に関する議論があった。しかし漢字、チュノムは非識字者共同体にとって学習が困難であると判断され、使用可能で容易なローマ字表

記が選択された。

　現在のベトナムでは、ベトナム語が公用語[11]として使用され、国内にある 54 民族全ての言語権[12]が憲法で保障されている[13]。言語学者のブイ・カイン・テエは、「ベトナムの言語政策は 1945 年 9 月 2 日以来、公用語や少数民族の言語に関して次の 3 つの側面で展開している。第一に、ベトナム語の役割を公用語、常用語として確定する。第二に、多民族ベトナムの人民総体のコミュニケーションの道具としての役割を確定する。第三に、少数民族の母語を普及させる」と述べている[14]。実際、ベトナムではローマ字表記体制で、各少数民族も各自の民族言語の使用が可能である。

　一般的に植民地解放後、宗主国の言語を排除し、母国語や母国の固有文字を取り戻すための言語政策が行われる。しかし、ベトナムでは中国及びフランスによる支配が長期に及んだため、ベトナムの言語共同体は「宗主国の表記法」に抵抗は無くなっており、便宜性のみを考えたと推論される。また、今日のベトナムには 54 の共同体があるが、そのあいだで紛争は起こっていない。これは互いの言語を尊重することで平和が保たれている一例と評価することができる。次に台湾は、もともと中国に従属していたが、1895 年より日本の植民地支配を受けていた。解放を迎えると、台湾は中国に返還され、中国本土から人々が台湾に移住した。台湾の言語政策研究者である藤井（2003）は台湾の言語政策の時期を「国語の中国化」（1945-1949）、「国語の絶対化」（1950-1986）、「国語の多元化」（1987- 現在）の 3 つに分けている[15]。台湾に住む人々にとって「国語」とは、中国大陸からの支配言語である「中国語」と、日本統治期の「日本語」であった。そのため、「中国化」の時期には日本敗戦後、徹底的に日本語を排除する方向へ進み、台湾の共同体に中国大陸の言語である中国語（北京語）教育を強化させた。「絶対化」の時期は法令による規制が整えられた時期でもあり、台湾の中国語という意味合いが徐々に現れる。国語教育は国家意識を高めるプロパガンダの要素が強く、計画的かつ積極的に実行された。「多元化」の時期は、国語（北京語）が共通語とされ、他言語が同等の立場で存在する時代であり、1987 年以降は「台湾化」あるいは「本土化」が定着しつつある[16]。

　台湾もベトナムと同様に多民族国家で、台湾人、客家人、中国本土からの移民、

原住民が共存している。言語共同体においては北京語を基調とした「国語共同体」のほか、「台湾語共同体」、「原住民諸語共同体」、「残存日本語共同体」が存在する。なかでも民主化後、2005 年に公用語ではなく方言に分類される「台湾語共同体」は、台湾の社会内部において 73.3％ [17] を占め、国語共同体の 13.0％を上回っていた。

　以上、植民地経験国のベトナムと台湾の言語表記問題の状況について述べたが、両国は、植民地経験国であることと漢字使用の共通点はあるものの、自国の言語表記の保全する方法を模索するのではなく、便宜性を重視し、宗主国の言語表記を融合させたのである。上記の結果からも朝鮮半島、特に韓国の事例研究は、将来の消滅危機言語の保全対策のためにも注目すべき事例であり、意義のある研究であると確信する。

　したがって本書は、かつて言語消滅危機を経験した植民地経験国である朝鮮半島の両国（大韓民国と朝鮮民主主義人民共和国）、とりわけ韓国の言語政策の事例研究を通じて、国民文化の基礎となる自国の言語をどのように保全することができたのかを明らかにし、消滅危機言語の保全のための政策的知見を得ることを目的とする。具体的には、植民地時代をはじめ、それ以降の言語政策過程を取り上げ、朝鮮半島における言語共同体がどのように形成され、保全することができたのかを明らかにする。

第 2 節　用語の定義

第 1 項　言語共同体

言語共同体の概念

　一般的に言語共同体とは何かと考える際、辞書や和訳の中では「言語の使用に関する規範と予測を共有する人々の集団」と定義されているが、広義の解釈として「一つの共通言語を話すグループ」ということを連想できるのではないだろうか。では、「一つの共通言語を話すグループ」とは何を指し示しているのだろうか。共通言語として連想できることは母国語話者同士での会話をするグループではないだろうか。しかし、留学などにより母国語以外の第 2 外国語が話せ

る人は現地で不自由なく生活していることから、第 2 外国語話者が母語である
グループの一員として、言語共同体となることも可能であると考えられる。

　結論から言えば、言語共同体を一つに定義するのは困難であり、言語学と社
会言語学において「言語共同体」の解釈にはそれぞれ見解が異なる。しかし、定
義が難解だからといって使用しないことではなく、本項では、分野別の学者が
言語共同体について定義したことに触れ、その中で共通のものを見出し、本書
で取り扱う「言語共同体」の意味について解説する。

「言語共同体」の英訳は「speech community[18]」である。言語共同体に対しての
「言語」は「speech」と訳されていることが多く、言語教育では日本語グループ、
韓国語グループ、英語グループなど、ある同一の言葉をコミュニケーション
ツールとしている集団を意味している。言語学においては、言語学者であるチョ
ムスキー（1965）は、言語共同体について「完全に均質な言語共同体」として
述べ[19]、ブルームフィールド（1965）は、「人間のいわゆる高級な活動はすべて
社会と呼ばれるところの個人間の緊密な調和から生まれている」と述べ[20]、「そ
の調和は言語を基礎とした故にもっとも重要な種類の社会的グループである」
と述べ、了解関係において個々が調和、つまり、融合するという意味で用いてい
る。

　社会言語学においてはレオ・ヴァイスゲルバー（1994）が社会言語学の定義と
して「言語共同体には『自然』、『意志』、『精神』が作用する」と提唱した[21]。社
会における「グループ」をどのように定義するのか。J.A. フィシュマン（1974）は、
共同体すべての成員が少なくとも一つの言語変種とその正しい用い方の規範を
共有する共同体であると述べ[22]、Hymes, D.H.（1962）は「一定地方の単位で、そ
の構成員は、共通の地方性と直接的な相互交流という特色を持っている」と述
べているため[23]、言語共同体とは了解関係にある共同体として置き換えて考え
ることが可能であろう。

　人は社会的存在であるため、複数の人間が存在すれば、その間では所定の方
法によってコミュニケーションが生まれている。その方法の中には「言語」が含
まれ、個人の意図しないところで自身のアイデンティティが自ずと示される。
内藤（2001）は「言語」について、「世界観や価値観を表現し、かつ生活に根ざし

9

た文化を象徴するもの」であると定義した。日々の生活や世界観の網の目のもとで、初めて言葉というのは生きてくるのだとしている[24]。これらの観点から、世界各地に同じ国民同士が集まるジャパンタウン、コリアタウン、チャイナタウンなど、同じ国民というアイデンティティを求め、精神を共有するコミュニティ[25]、すなわち言語共同体が形成される。

　以上、言語教育、言語学、社会言語学のそれぞれの分野における言語共同体について述べたが、どの視点からも言語共同体の概念の中には共通して「相互理解」、つまり、「了解」が必要とされていた。それはある言語のグループ内での「了解関係」があってこそ言語共同体に属していると言える。

　この了解関係について、言語学者である田中克彦/H. ハールマン（1985）の「固有の言語を持つ共同体は、固有の国家を形成する潜在的な権利を有する[26]」という言語共同体の定義も「固有の言語において了解関係を持つ共同体は、固有の国家を形成する潜在的な権利を有する」と読み取ることが可能であろう。

　そこで、言語共同体の定義について本書では、田中克彦／H. ハールマン（1985）の定義を採用し、言語共同体とは、「固有の言語において了解関係を持ち、固有の国家を形成する潜在的な権利を有する共同体」と定義する。

　さて、言語共同体の定義について、ナショナリズムの研究において古典とされるB. アンダーソンが提唱した「想像の共同体」の観点から、了解関係の共同体について捉えなおしてみたい。

アンダーソンの『想像の共同体』

　精神を共有する了解関係の共同体は一般的に「ネーション[27]」という用語で捉えられる。「言語共同体」という言葉は2つの単語が結合して作られている。国家形成の要素となる「国民（ネーション）」という要素が「言語」と結びつき、言語共同体へと導かれる。

　要するに、言語は国民の精神的な統合における相互理解の媒介となるのだが、アンダーソン（1997:24）は、国民について「心に描かれた想像の政治共同体」であり、「本来的に限定されたもの、かつ主観的なものであり、一つの共同体として想像される」と述べた。それは、「言語」（アンダーソンのいう出版言語）が「国

民 [28]」と結びつき、了解関係を得て、政治理念化することを意味する。ここで言及している「言語」とは「言語表記」のことである。「「国民」という概念それ自体が、いまでは、事実上すべての出版語（言語表記：筆者）の中にしっかりと巣ごもっており、国民という観念は政治意識と分かち難く結びついてしまっている」とアンダーソンは述べている [29]。

　また、ナショナリズムについては「言語によって想像された共同体の一種の形態」であると捉え、他のイズム（主義）のようにイデオロギーの一つとして分類していない。そして、国民とナショナリズムは「自由主義」や「ファシズム」などの思想と同類として扱うよりも、「親族」や「宗教」などの共同体として扱う方が適当だとアンダーソンは述べている [30]。このことからアンダーソンは、国民について「心に描かれた想像の政治共同体」であると定義つけた。

　さらに、言語は想像の共同体を生み出し、かくして特定の連帯を構築する能力であるとし、常に言語表記の重要性を力説したのである [31]。

　アンダーソンは「国民」が創造される以前の人々の精神を支配していた基本的文化システムとして 3 つを挙げている。第一に、特定の言語表記だけが存在論的真理に近づく特権的な手段を提供しており、世界におけるキリスト教やイスラム教などの大陸横断的信徒団体の存在のことである。第二に、社会が宇宙論的摂理によって支配する王を中心に自然に組織されているという信仰のことである。第三に、宇宙論と歴史を不可分で本質的に同一であるという時間観念 [32] のことである。しかし、これらの文化システムは、「資本主義経済システムへの変化」「コミュニケーション（印刷・出版）技術の発展」「人間の言語的多様性（宿命性）」という相互連結システムの出現によって衰退した [33]。その衰退の過程で同胞愛、権力、時間という概念が、ラテン語という特権的な言語に変わって「出版言語」を媒介に「国民」という観念を生み出す要素として意味付けられていく、その成果物が「出版資本主義（print capitalism）」であった [34]。つまり、「商品としての出版物の発展がまったく新しい同時性の観念を生み出す鍵」であるとアンダーソンは述べ [35]、特定の言語表記を媒介とする了解関係が国民という単位の全く知らない多数の人々の間に作用し、「想像の共同体」が形成されると、アンダーソンは「国民」という「共同体」形成にもつ言語表記（出版言語）

の役割の重要性を主張している。

第2項　言語政策

言語政策の概念

　言語共同体と言語政策は、どのような関連性があるだろうか。言語共同体形成において韓国での言語政策過程の事例を取り上げる際に言語学者の言語政策の定義を引用し、本書で用いる言語政策の意味について述べることにする。

「言語政策」の定義には、言語学で「言語計画（language planning）」が共に挙げられ、同義語のように用いられている。ルイ＝ジャン・カルヴェ（2010:165）は「言語計画」を「言語政策の執行のために必要な諸手段の探求および実行」であると定義づけた[36]。Eastman, C.M.（1983:29）によれば、「言語計画」は「言語を特定地域の行政、教育、経済における言語に関連する国家当局が設定した目標を達成するために社会的資源として扱う活動」であると述べている[37]。

　西洋・東洋の言語学者は「言語政策」について〈表1〉のように定義した。

　これらの定義によれば、国家と結びついているのは「言語政策」であり、実行や活動のために行われるのは「言語計画」であると言える。これについて、Swann et al（2004）も「言語政策」は、政治的・社会的な目的と関連付けて多く用いられる一方、「言語計画」は、ある言語共同体や社会の言語行為に影響を及ぼしており、その行為を修正する意識的・未来志向的なすべての活動を指している[38]。その意味範囲は、政府機関は無論、民間の活動にまで含まれていた。しかし、最近では「言語政策」と「言語計画」を厳密に区別せず、混用されることから、「言語政策及び計画[39]」または「言語政策及び言語計画[40]」のような統合用語を使用することも可能である[41]。

　以上のように「言語政策」という用語は学者によって、定義が異なり、同列の扱いは困難であるのだが、本書は国民生活に取り巻く言語表記単一化政策を取り扱っているため、筆者の考えに最も近いルイ＝ジャン・カルヴェ（2010）の言語政策の定義[42]を取り上げることとする。

　上述したように言語政策は国民に向けて行われるツールであり、国家にとっ

表 1　西洋、東洋学者の言語政策の定義

区分	学者	定義
西洋	クルマス（1987:340）	ある社会内で用いられている（諸）言語の発展に、ある目的を持って介入すること。
	Spolsky（2004:40）	言語政策は名づけた諸言語変種だけでなく、言語を構成する全てのレベルにおけるあらゆる要素にも関連する。言語政策は言語コミュニティにおいて機能する。
	Wright（2004:12-13）	人間社会における言語配列のあらゆる側面を問う規律とみなす。
	Shohamy(2006:56)	言語政策は、権威者が言語行動及び実践のため操作しようとする主要なツールとなっている。
	ルイ＝ジャン・カルヴェ（2010[1]:165）	言語と社会生活、とりわけ言語と国民生活の関係について行われる意識的な選択の総体。
東洋	豊田（1964:27）	政策主体の一つの意志のもとに言語の改革・整理・改善・普及を施策することであり、国語政策がその政策主体を国家機関として、国家目的によった、政治的概念による国語の施策をおこなうことに対して、言語政策はより広義な言語一般の内容を持つものである。
	田中他編（1988:351）	国の政策として、国語・公用語・教育用語・正書法などを決定し、できるだけそれを実践すること。
	崔溶奇（2006:11）	国民が日常生活で使用する言語に対する国家政府の政策。
	国立国語院（2010:19）	国家がその国で使用する言葉を統一・発展させるために用いる政策。標準語の規定、綴字法の確立、文字の統一及び改革、外国語教育、識字教育などがある。
	イ・グァンギュ（2011:147）	国が実施する国語と関連する政策。つまり、国家がある目的を持って国語使用を一定の方向で進めるように展開する政策。

[1] ルイ＝ジャン・カルヴェの言語政策の定義は 1987 年に発表されたものであり、ここでは日本語訳文献が出版された年で表記した。

* 筆者作成

て必要とされるシステムでもある。〈表2〉はSpolsky&Shohamy（2000）の言語政策の展開を抜粋したものである。

表2　言語政策の展開

項目	社会言語学	政治学
誰が行動する？	言語復興の運動家、民族指導者、言語機関	圧力団体、利益団体、社会的勢力、政府組織、国家
何をする？	言語計画、言語規範策定	政策立案→決定
誰のために？	言語共同体	民族共同体（多数派・少数派）
なぜ？	アイデンティティの維持・変更、経済的ニーズの取り組み、イデオロギーの表出	均衡の維持・変更、圧力に対応、イデオロギーの表出
どのような状況で？	コミュニケーション・言語レパートリーの既存の民族誌	社会・政治・経済・文化的状況

出所：Spolsky, Bernard&Shohamy, Elana, Language practice, Language ideology, and Language policy. In Lambert & Shohamy（eds.）Language Policy and Pedagogy. John Benjamins, 2000, p.5 をもとに作成。

　国家と言語共同体の関係について〈表2〉から読み取れることは、「社会言語学」の6つの項目において、国家などが主体となる「政治学」の項目に移り、言語政策の決定が具体化されていることである。興味深いのは、〈表1〉で示した東洋の言語学者らは〈表2〉の社会言語学の範囲に止まらず、政治学の範囲にも移動し、国家政策として言語政策の定義を提示したことである。上記から、国家は言語政策を通して言語共同体を作り上げ、国家にとって言語政策を行うことは必須不可欠なことであると言える。

　言語政策は「地位計画（Status planning）[43]」「コーパス計画（Corpus planning）[44]」「普及計画（Acquisition planning）[45]」という3つの分野に分けられる[46]。地位計画は、「言語の使用」に対するアプローチである。この計画は、公用語や国語、標準語を定める際にどの言語を用いるかという「言語の選択」に関している。コーパス計画は、「言語」そのものに対するアプローチである。この計画は、綴字法や表記法の定め、使用語彙などを選定する「言語の実体」に関している。普及計画は、「言語の使用者」に対するアプローチである。この計画は、グループ、教育分野・学校、メディア、職場などで言語をどのように習得させ、普及させていくかに関している[47]。

14

　以上のことを踏まえ、本書で用いた「言語表記」は言語そのものを扱っているため、言語政策の 3 つの分野の中で「コーパス計画」の研究となる。そして、言語政策の定義に示した「政策の対象」の観点からすると、「普及計画」の研究にもなる。

第 3 節　既存研究の限界

　本節においては既存研究の限界として、消滅危機言語に関する研究分野、言語政策の研究分野に分けて述べることにする。

　消滅危機言語に関する研究の発端は、1992 年、言語学者 Michael E. Krauss が自著「The World's Languages in Crisis」において「地球上では、現時点では約 6〜7000 の言語が話されているが、今世紀末までには、そのほぼ半数の言語が、最悪の場合には 95％にのぼる言語が消滅するかも知れない」と訴えかけたことが始まりであった。その後、国連のユネスコ機関が加盟各国の政府に「消滅危機言語」に関する情報の発信と保存再生のための対策を講ずるように呼びかけたのである[48]。

　消滅危機言語の研究は、現地調査の報告書が多数を占めている。その中で特に日本では宮岡伯人教授が「環太平洋の『消滅に瀕した言語』に関する緊急調査研究[49]」という巨大プロジェクトを 1999 年から 2003 年まで行った。この研究は、環南太平洋、環北太平洋、東・東南アジア、日本などのグループに分けて調査を実施し、その報告書の刊行物は国際的に信頼されている国際学術雑誌（International Journal of American Linguistics）にも紹介されたほどである[50]。しかし、これらの報告書の主な焦点は、現地調査での現状報告である。

　現地調査研究のもう一つの分野として、Chris Rogers & Lyle Campbell（2015）は、なぜ多くの人が「危機」という言葉を消滅に瀕する言語と結び付けるのかに着目し、言語の絶滅について、用語の定義、原因と結果、「言語の記録」の意味、言語の再活性化の概要に分けて述べている。言語学者ヤン・チャンヨン（2018）は、消滅危機に瀕する言語のいくつかの事例を挙げ、再生活動を通じて、絶滅の危機にある言語の理解を深めることに焦点を置いている。

韓国の言語政策の研究分野においては、「国語政策」「語文政策」「教育政策」「国語運動」「語文運動」など、統一された用語ではなく、様々な用語を用いて言語政策の研究が行われてきた。その一つとして、植民地期では韓国語を取り戻そうとする動きを「運動」という用語で表現している。

　韓国で言語政策に関する研究は広い範囲で行われてきた。まず、「言語表記」の分野は次の通りである。閔丙俊(1983)は解放以降の言語政策の中でも漢字表記中心に触れ、ハングル専用の問題と漢字表記の重要性を強調し、漢字混用表記の改善策を述べた。張源柱（1991）は閔丙俊（1983）の漢字表記中心の研究を、さらに1990年まで拡大した。しかし、張源柱(1991)は教育の面に焦点を合わせ、言語表記分野を拡大し研究を進めたが、張が訴えた漢字表記教育の必要性や重要性は、閔丙俊（1983）の主張と類似している。李在一（1998）は解放以前の言語表記教育や解放以降の言語表記政策の変遷過程を述べ、国語教育における漢字の重要性を明らかにし、韓国の言語表記教育は政策的に転換する必要があると主張した。ミン・ヒョンシク（2002）は古代から現在までの漢字文化の社会・政治・文化史の意味を概括し、言語政策の観点から、今後の漢字政策に関する政策の方向性を示した。苗春梅（2010）は韓国の言語政策の変化、ハングルと漢字の混用を分析し、韓国語の語彙体系の内的構造の規則を研究した。チェ・ギョンボン（2017）は漢字と漢字語の問題に対する意識について議論し、国語純化や漢字廃止問題の方法論において語文民族主義[51]に関連付けた[52]。

　次に、時期別の研究分野について紹介する。第一に「日本植民地期」の研究では、これまで「国語政策」「語文政策」「教育政策」「国語運動」「語文運動」などの用語を用いて様々な角度で研究されてきた[53]。言語政策についての先行研究は、イ・ヨンスク(1996)、長志珠絵(1998)、安田敏明(2001)、金恵貞(2003)、ホ・ジェヨン（2004）、崔溶奇（2006）、文化庁「国語施策百年史」（2006）などが挙げられ、これらの研究を通して朝鮮に対する日本の施策の全体像がほぼ明らかになった。しかし、多くの場合、植民地期の中で民族抹殺期に該当する「皇民化政策」に注目し、国家政治イデオロギーに焦点が当てられていた[54]。三ツ井（2010）は植民地期の朝鮮の言語表記に対する価値観などを明らかにし、言語表記に付加価値を付けた。また、アンダーソンの考え方に従って、言語による

「国民」化の過程では、それに基づく印刷メディアの拡大にも注目した。しかし、三ツ井（2010）の研究も植民地期に限られ、韓国の言語政策の全体像が明らかでないということは自明である。

第二に「李承晩政権期」の研究は、政治・経済などの分野が中心であり、植民地期の研究に比べ、「言語政策」に関する研究はあまり行われていない。しかもその数少ない言語政策研究もハングル簡素化波動に関する研究がほとんどで、他の言語政策に関する研究は見られなかった。オ・ヨンソプ（2003）はハングル簡素化波動事件には表音主義と表意主義の対決、言語表記波動・文化波動・政治波動の複合体、李承晩の権威主義的統治形態の社会各界層の反対運動の性格、ハングル学会勢力の正統性確保の闘争などの性質を見出した。李惠鈴（2007）はハングル簡素化波動について、国家が言語問題に詳しい専門家を招集するきっかけとなった事件と推定し、言語規範の正当性の議論を通じて国語を受け入れる言語ナショナリズムの生成を明らかにした。チョン・ジェファン（2007）は簡素化波動発生の原因究明やハングル簡素化に対する協会の動向、簡素化波動の解消におけるハングル学会の活動について明らかにし、チョン・ジェファン（2008）は国文を愛した李承晩大統領が本当はハングルの綴字法について間違って理解していたと論じた。

第三に「朴正熙政権期」の研究において崔溶奇（2009）は朴正熙政権期の18年間の文字政策の変遷に触れ、文法の問題からハングル専用政策に至るまでの変遷内容を具体的に叙述した。李敦錫（2009）は、1972年に漢文教科書が国語教科書から独立したことが漢文教科の位相に変化をもたらしたと主張した。そして、漢文と位相変化について追究するため、内的・外的の要因に注目して分析した。

さらに、言語政策に関して学術団体やそれに関連した人物の研究分野では、李源台（1993）は、ハングル学会の理事長であり、文教部の編修[55]局長を務めた崔鉉培の功労を述べた。キム・インソン（2000）は李承晩の言語表記教育の背景を通じて李承晩の言語表記に対する認識形成過程を述べ、李承晩とハングル運動の関係を明らかにした。チョン・ジェファン（2012）は、1945年から1957年の間に展開された朝鮮語学会の活動が言語政策制定に与えた影響について述べ

た。

　最後に、漢字混用若しくはハングル使用に関する分析の研究では、編集部
（1989）は、文教部のハングル専用廃棄の行為は違法だと糾弾した。陳泰夏
（2002）は現代社会における言語の重要性や国語使用の現況を述べ、文化危機
を克服する対策は漢字教育だと言語政策の改革を求めた。徐康和（2006）は、ハ
ングル学会は憲法 9 条に背いたと述べ、漢字使用の重要性を主張した。

　以上、消滅危機言語に関する研究分野と韓国の言語政策の研究分野に分けて
述べた。まず、消滅危機言語に関する分野では現地調査研究が多く行われてお
り、最近の研究においては用語の概念などを具体化していた。また、現地の実
態調査に留まらず、再生活動にも着目し研究分野が拡大されたが、消滅危機言
語の分野では、実際に消滅危機に瀕した言語がその後、保全することに成功し
た事例を取り上げ、考察した研究は行われていないということが明らかになっ
た。

　次に、韓国の言語政策の研究分野においては、4 つの特徴が見られた。第一に、
言語教育や言語学分野で言語表記問題が取り上げられていた。第二に、言語政
策研究は韓国の言語政策の変遷過程を取り扱い、言語表記教育の重要性を述べ
ていたのが主な研究である。第三に、日本植民地期を除き、特定の時期に限定
して実施された研究は非常に少なかった。第四に、言語表記に携わっている学
術団体（ハングル専用側及び漢字混用側）の立場に合わせた議論、反論の資料が
多数を占めていた。

　それに加え、解放後、朝鮮半島における言語表記共同体が一つとなった理由
について、根本的に追究するものはなかった。さらに本書の研究目的でもある、
かつて言語消滅危機を経験した朝鮮半島、特に韓国の言語政策の事例を通じて、
自国の言語をどのように保全することができたのかを明らかにした先行研究が
ないことは自明である。

　これらにより、消滅危機言語研究や韓国の言語政策（言語表記政策）研究の両
者においても本書で扱う「言語共同体形成のための朝鮮半島における言語政策
展開過程に関する研究」は新たな発見であると言える。

第 4 節　研究方法と構成

　研究方法の説明に先立ち、まず、韓国の言語表記にはどのような問題がある
のかを記述する。

　韓国の国語である「韓国語」の語彙は「漢字語」「固有語」「外来語」などで構
成されている。「漢字語」は漢字を基に作られた言葉で、「漢字」と「ハングル」
で表記が可能である。「固有語」は元から韓国語として存在していた言葉やそれ
を基に新しく作られた言葉で、「ハングル」のみ表記可能で、「漢字」表記は不可
能である。「外来語」は「ハングル」で表記する。これら韓国語を構成する語彙
のうち、本書で採り上げるのは「漢字」表記と「ハングル」表記が可能な「漢字
語」である [56]。

　国立国語研究院の「韓国語の語彙の分類と個別漢字の活用度」の調査 [57] によ
ると、韓国語の語彙の中で「漢字語」の割合は 66％ [58]、「固有語」の割合は 26％、
「外来語」の割合は 4％という結果が出されている。韓国語の中で「漢字語」の
使用が最も多く、漢字が使用された全ての語彙を含めると 70％である [59]。上記
から韓国人が言語使用の際、「漢字語」は必要不可欠な存在であることを裏付け
ている。そして、その「漢字語」を構成する「漢字」は言語政策研究による言語
表記分野の取り組みに重要な案件であることを示している。実際、言語表記に
関する政策は漢字語の影響により、「ハングル専用」と「漢字混用 [60]」の中でど
ちらを採るべきかという論議は、ハングル専用になった現在も続いている。

　フロリアン・クルマス（1987）によると、「言語共同体内部での交流形態、言語
共同体の相対的均質性ないし分裂性、ある言語の有する文字の伝統およびその
言語の話し手の識字能力など、これによって言語は区別される」と示されてい
るが [61]、韓国の場合、韓国語の言語共同体内部で分裂があり、その分裂した言
語共同体を統一するために「言語表記単一化政策」が推進されたのである。

　解放を迎えた韓国は〈図 1〉の通り、言語表記に対する言語政策が行われた。
しかし、韓国の言語政策は、一貫した言語表記ではなく、「漢字併用 [62] 期」「漢字
一部混用 [63] 期」「完全ハングル専用期」「ハングル専用期（漢字部分併用）」に
変遷してきた。時期別に見ていくと、若干の差はあるが、部分的に「漢字」表記

〈図1〉 韓国の言語表記の変遷

| 漢字併用期
(1945.8~1965.2) | 漢字一部混用期
(1965.3~1970.2) | 完全ハングル
専用期 | ハングル専用期
（漢字部分併用） |

＊筆者作成

が許容されていることが理解できる。その中で最も特徴的なことは、1970 年 3 月から 1975 年の 2 月までの「ハングル専用期」ではないか。この時期は、朴正熙政権の政策によってハングル専用が推進されたため、漢字表記が完全に排除された時期と言える。そしてその後の、ハングル専用期では「漢字部分併用」として再び漢字表記が復活し、朴正熙政権の後半期から現在に至るまで「漢字部分併用」として一貫した [64]。本書においては日本植民地期の 1910 年から朴正熙政権期の 1979 年まで分析を行う。

　韓国国民では初代大統領である李承晩や朴正熙大統領がハングル専用を推奨していたと一般的に認識されている [65]。そして、両大統領とも長期執権した絶対権力者であったため、朴正熙政権期のハングル専用政策の成功も十分考えられる。両政権の共通点として挙げられるのが、大統領自身による言語政策に対する強い関心である。そこで本書では、次のような課題を設定する。

・時期別における当時の時代背景と政策目標は何か。
・各時期別に言語政策が施行されるにあたって、社会と学校教育の指針は何か。
・学術団体の言語政策への関与が言語共同体に何らかの影響を与えたのか。
・言語政策の実施後、韓国社会への影響は何か。
・絶対権力者の李承晩大統領と朴正熙大統領個人の言語表記の使用傾向は何か。

　本書の研究目的や上記の課題を解決するために、次のように分析枠組みを設定した。なお、韓国の言語共同体がどのように形成されていくのか特徴を見出すため、同じ植民地期を経験した朝鮮民主主義人民共和国（以下、「北朝鮮」と表記する）の言語共同体も取り上げ、韓国と同様に分析枠組みを適用し研究を行う。
　〈表3〉による分析の枠組みに沿って、5 つの分析項目を各時期に分けて分析し、

表3　言語共同体形成のための言語政策の分析枠組み

区分
1.　時代背景と政策目標
2.　言語政策：①社会教育　②学校教育
3.　学術団体の言語政策関与
4.　韓国社会の現実
5.　時期別の絶対権力者個人の言語表記の使用傾向

＊筆者作成

本書の研究目的と課題を明らかにしていく。第1章では1910年から1945年までの分析を行い、日本植民期の朝鮮の言語政策の分析、朝鮮における言語共同体の動向を調査する。(分析枠組みの「5.　絶対権力者個人の言語表記の使用傾向」に関しては、植民地時期と重複することから省略する)。絶対権力側である朝鮮総督府が朝鮮における朝鮮人向けの言語政策を通して明らかにしようとしたことや朝鮮の学術団体の浮上、朝鮮の共同体の視点による朝鮮語に対する認識など、分析を通して明確にする。その上で、日本植民地期は言語共同体形成過程の中でどの段階であるのかということについて言及する。分析資料としては、朝鮮総督府官報や教育時論、崔溶奇 (2010) などの資料を用いて当時の言語政策の展開を確認する。

　第2章では解放後、1946年から1960年までを分析し、李承晩政権期の言語政策における言語共同体の歩みについて捉える。そして絶対権力者である李承晩政権期にハングル共同体が順調に展開することができなかった要因(つまり、漢字共同体が存続できた要因) について、学術団体の関与と李承晩大統領個人の言語表記傾向などの分析を通して明らかにする。その上で、李承晩政権期が言語共同体形成過程の中でどの段階にあるのかについて言及する。分析には、主に当時の李承晩政権期の官報や国務会議録などの資料を用いる。

　第3章では1961年から1979年までを分析し、朴正熙政権期の言語政策における言語共同体の歩みについて捉える。そして絶対権力者である朴正熙政権期にハングル共同体へと展開するようになったきっかけについて、学術団体の関与

と朴正煕大統領個人の言語表記傾向などの分析を通して明らかにする。その上で、朴正煕政権期が言語共同体形成過程の中でどの段階であるのかについて言及する。分析資料としては、当時の文教部長官の証言資料、朴正煕大統領自伝、国家記録物などの資料を用いる。

　第4章では金日成政権期を分析し、北朝鮮の言語政策における言語共同体の歩みについて捉える。そして絶対権力者である金日成政権期に北朝鮮独自の固有語（ハングル）共同体へと展開するようになったきっかけについて、学術団体の関与と金日成主席個人の言語表記の使用傾向などの分析を通して明らかにする。その上で、金日成政権期がどのような言語共同体形成過程を経たのかについて言及する。分析資料としては、金日成著作集、金正日選集や北朝鮮言語政策に詳しい金敏洙（1972、1999）、イ・デソン（2016）などの資料を用いる。

　本書は、第1節で述べた研究の目的及び課題を解決するため、上述したように、主に韓国の国家機関の資料、韓国の文献を用いて分析を行った。特に、筆者が分析した時期のうち、1950年代から1970代の言語政策の資料に関しては、30年経過した後、公開された国家記録物であり、それらの資料に基づいて分析を行う。その他にも韓国の文献として非売品文献および多数の韓国語資料、学術団体（ハングル専用側、漢字混用側）が議論した資料などを用いて分析を行う。

　なお、韓国併合以前まで「大韓帝国」であった韓国の国名は、日本植民地期に日本の一地域として「朝鮮」の名に変更された。それに伴い、大韓帝国の「国語」も日本の一地域言語の「朝鮮語」に変更されたため、本書において、日本植民地期の韓国の言語に関しては「朝鮮語」と称する。そして解放後は大韓民国政府が樹立し、言語名称が「韓国語」に変換されたため、解放以降は「韓国語」と称することとする。

〈注〉

1）『広辞苑』第四版「げんご（言語）」。

2）「『言語の絶滅』で失われる世界の多様性」『Newsweek日本版』（2017.1.6日付）。

3）恣意性とは、音声と意味には必然的な結びつきがないことをいう。

4) 二重性とは、人間言語において音素が一定の仕方で結びつくと、形態素や語が形成されるが、その形態素や語がさらに一定の仕方で結びつくと、文を構成するという二段階の構成になっていることをいう。

5) 転位性とは、発話の時、話し手が事実を越えた内容を伝達できることである。

6) 創造性とは、まったく新しいことを発話したり、理解したりすることができることである。

7) 1つの文は文の各構成素の意味、および各構成素間の構造関係によって規定される。構造依存性とは、文には、より複雑な構造が階層的に構築され、互いに依存していることを意味する。

8) 岩月純一「近代ベトナムにおける「漢字」の問題」『漢字圏の近代－ことばと国家』財団法人東京大学出版会、2005 年、p.131 引用。

9) 強固に規範化された漢文が行政文書や法令文に使われ、また、高級官僚を登用する「科挙」も漢文で行われた。同上、p.132 参照。

10) ラテン文字で表記されたベトナム語を表す。

11) ある国家で公式の使用のために定められた言語。

12) 言語を選択する権利。

13) 憲法第 5 条に「ベトナム社会主義共和国はベトナムの地に共に生活する各民族の統一国家である」と規定されている。

14) 田原洋樹「ベトナム社会主義共和国の言語状況に関する一考察」『日本大学大学院総合社会情報研究科紀要』第 7 号、2006 年、p.173。

15) 藤井久美子『近現代中国における言語政策』三元社、2003 年、p.149。

16) 中川仁『戦後台湾の言語政策－北京語同化政策と多言語主義』東方書店、2009 年、p.46。

17) 松尾慎「台湾における言語選択と言語意識に関する予備考察」『日本学と台湾学』第四号、静宜大学日本語文学系紀要、2005 年、p.21。

18) 三宅鴻・日野資純が訳した『言語』で取り上げている「SPEECH-COMMUNITIES」は「ことば」と表現している。これは「言語」は話すことだけではなく、言語を表記する機能も持っているからである。ブルームフィールド（1965:51）は、「言語」について、「ことばによって相互作用を含む《interact by means of speech》人々のグループ」であるとしている。

19）Chomsky, N. *Aspects of the Theory of Syntax. Cambridge*, Mass.: MIT Press. 1965, pp.3-4.

20）ブルームフィールド（三宅鴻・日野資純訳）『言語』大修館書店、1965 年、p.51。

21）レオ・ヴァイスゲルバー（福田幸夫訳）『母語の言語学』三元社、1994 年、p.164。

22）J.A.フィシュマン（湯川恭敏訳）『言語社会学入門』大修館書店、1974 年、p.17。

23）Hymes, D.H. The Ethnography of Speaking. In T. Gladwin and W.C.Sturtevang（eds）, *An-thropology and Human Behavior*, Washington, DC: Anthropological Society of Washington. 1962. p.51.

24）内藤暁子「『守られる』言葉に未来はあるか」『言葉と文化・文学』御茶の水書房、2001 年、p.34。

25）言語において民族精神を共有する言語ナショナリズムとも言える。

26）田中克彦 /H. ハールマン『現代ヨーロッパの言語』岩波書店、1985 年、p.9。

27）「ネーション」は「国民」と訳すことも「民衆」と訳すこともできる用語であるが、暫定的な定義として「文化や歴史の記憶を共有し、特定の領域への権限を主張するグループ」のことを意味する〔大澤真幸編（2009:44）。

28）カール・シュミットは『憲法論』で、1920 年代の政治的概念として「一国民の政治的存立」という政治的部分を明記した。

29）B. アンダーソン（白石さや・白石隆訳）『想像の共同体－ナショナリズムの起源と流行』NTT 出版、1997 年、p.212。

30）同上、pp.23-24。

31）B. アンダーソン（1997）、前掲書、pp.210-211。

32）https://www.y-history.net/appendix/wh1201-026.html

33）B. アンダーソン（1997）、前掲書、p.82。

34）同上、pp.62-63。

35）同上、p.76。

36）ルイ＝ジャン・カルヴェ（砂野幸稔他訳）『言語戦争と言語政策』三元社、2010 年、p.165。

37）Eastman, C.M. *Language planning: an introduction*, Novato, CA: Chandler & Sharp publishers. 1983,p.29.

38）Swann et al. *A dictionary of sociolinguistics, Edinburgh*: Edinburgh University Press. 2004, pp.173-174.

39）language policy and planning の略で、「LPP」と呼ぶ。

40）language policy and language planning の略で、「LPLP」と呼ぶ。

41）チョ・テリン「言語政策とは何か」『新国語生活』第 20 巻第 2 号、2010 年、国立国語院、p.119。

42）ルイ＝ジャン・カルヴェ（2010）、前掲書、p.165.

43）席次計画ともいう。

44）本体計画、もしくは実体計画ともいう。

45）習得計画ともいう。

46）Cooper, R.L, *Language planning and social change*. Cambridge University press, 1989.

47）Hornberger, N.H, Framworks and models in Language policy and planning, In Thomas Ricento（ed.）, *An Introduction to Language Policy: Theory and Method*, Blackwell, p.29.

48）奈良毅「インドにおける「危機言語」に関する研究」『南アジア研究』第 19 号、日本南アジア学会、2007 年、p.107。

49）文部科学省科学研究費補助金「特定地域研究（A）を獲得し、行われた研究である。

50）報告書の資料は「https://lingdy.aa-ken.jp/elpr/elpr.html」を参照。

51）周時経をはじめ、近代初頭の国語研究者たちは「国語」という用語を導入した。これを概念化して「国家、国民、国語」は共同運命体の関係にあるという語文民族主義論理を完成したのである。チェ・ギョンボン「解放後の国語意識の形成と展開－語文民族主義的国語意識の継承と変化の脈略を中心に－」『韓国語学』74、2017 年、p.203 参照。

52）李善英「韓国における漢字廃止政策－李承晩政権期を中心に－」『立命館国際研究』30 巻 2 号、立命館大学国際関係学会、2017 年、p.119。

53）「政策」は政府や政治団体の政治に関する方針とそれを成し遂げるための手段であり、「運動」は民衆がある目的を達成するためさまざまな方面から積極的に活動することである。

54）李善英「植民地朝鮮における言語政策とナショナリズム－朝鮮総督府の朝鮮教育令と朝鮮語学会事件を中心に－」『立命館国際研究』25 巻 2 号、立命館大学国際関係学会、2012 年、p.146。

55）「編修」とは、本の編集や修正を意味する。

56) 李善英（2017）、前掲論文、pp.117-118。

57) 国立国語研究院で総 400 万語節を対象に調査した「現代国語使用頻度調査」（2002、国
立国語研究院）と「現代国語使用頻度調査 2」（2005、国立国語研究院）を対象にしたも
のである。

58) 漢字が使用された語彙の割合は含まれていない。

59) 許喆「『現代国語使用頻度調査 1・2』を通してみた漢字語の割合及び漢字の活用度調
査」『漢文教育研究第 34 号』、韓国漢文教育学会、2010 年、p.238 参照。

60) 別の言い方で「漢字ハングル混じり文」または「国韓混用文」とも言う。

61) フロリアン・クルマス（山下公子訳）『言語と国家－言語計画ならびに言語政策の研
究－』岩波書店、1987 年、pp.11-12。

62)「併用」とは漢字を括弧の中に書いてハングルと並べて使う文体のことである。例え
ば、「漢字」という併用の表記は、「漢字（한자）」になる。

63)「混用」とはハングルと漢字を混ぜて使用する表記のことである。例えば、「ハングル
と漢字」という混用の表記は、「한글과 漢字」になる。

64) 盧武鉉政権期の 2005 年、朴正熙政権のハングル専用化宣言を基に「国語基本法」とそ
の施行令を発表した。政府の公文書に至るまでハングル専用にし、必要な場合、漢字表
記や外国語を括弧に入れ、併記できるように規定している。

65) 朴正熙大統領に対して、韓国語教育及び言語政策学者であるミン・ヒョンシクは 2003
年度に「言語政策 60 年評価と改革の方向」というタイトルで行われた公開政策討論会で
「朴正熙大統領はハングル専用に対する信念を持っていた」と話していた。

第 1 章　日本植民地期の言語共同体 （1910 年—1945 年）

第 1 節　時代背景と政策目標

　朝鮮は 1910 年から 1945 年まで、日本の植民地支配を受けた。この事からこの時期の背景として、言語政策を行う日本側の言語である「日本語」に対する認識の背景や支配を受ける朝鮮側の「朝鮮語」に対する認識の背景を述べる。それと同時に植民地期の背景や政策目標について述べることとする。

　近代以前の日本では「国語」としての「日本語」の意識は希薄であった。しかし、明治維新により、国民国家建設が図られていく中、ナショナルアイデンティティの一翼を担う「日本語」への意識も国家政策として、いやおうなく高められていくこととなった。この日本の言語政策に大きな影響を与えたのが上田万年[1]である[2]。

　さらに上田の弟子である保科孝一（1872-1955）は、「日本語」を「標準語」へと昇華させることに大きな役割を果たした。「『方言』ではなく『国語わ国民精神お養成し、国民の品性お陶冶する上に、最も有力なものである』(原文引用)」の通り、「方言」ではなく「国語」にこそ「国民精神」が宿るという言辞は、国語調査委員会設置などの「国語」の制度化のなかで、「国語」は「方言」との差別化をはかり、そこに「国民精神」が宿るという信念を絶対的なものとして固定していった。このように、日本における「国語」の志向は「国民」の養成・教化へ向いたものであり、日本を国語共同体にする起点となった[3]。

　日本の場合、「内地」向けの言語規範意識が形成される時期とほぼ同じ時期に植民地として朝鮮や台湾を組み込んだ。そのため、植民地に対しても日本の言語を強要し、日本国民思想の言語である「国語」的言語観を持ち込もうとした。それにより、植民地においても、「国語」である日本語を話すことが「国民」になることだという観念が強く[4]、統治の手段として日本語を義務づけ、言語政策を行う要因となったのである。

朝鮮語には、「ハングル[5]」と「漢字」という 2 種類の言語表記があり、現在、広く用いられている「ハングル」という名称は、近代の先駆的な朝鮮語学者とされる周時経(チュ・シギョン :1876-1914) が 1913 年に名づけたと言われている。その背景として、ハングルの旧名である「諺文」という名称は「卑語を書く下品な字」というネガティブな意味をもつことに対して、「ハングル」の「ハン」は「偉大なる」、「グル」は「文字」あるいは「文章」の意味であり、合わせると「偉大なる文字」となり、ポジティブな意味に変換されている[6]。

　当初、朝鮮語は国家の公式的な文字として使用することが出来なかった。1894 年高宗の「国文使用」に関する勅令第 1 号[7]の発表により、「国文」に昇格した。その後、「国文」に対する研究や規範化が活発に行われ、朝鮮語を「国語」と呼ぶ自覚運動が始まったのである[8]。

　社会運動団体や文化運動団体が起こしたハングル運動[9]は、朝鮮の言語表記を愛そうという趣旨から出発した。特に、民間団体として自主独立運動を巻き起こしたのは「独立協会[10]」である。独立協会の設立に先立って、1896 年 4 月、最初の民間紙である『独立新聞[11]』がハングル表記のみで創刊した。『独立新聞』は、大韓帝国の支援を受けて刊行された。そして独立新聞は分かち書きを実践することで日常生活においての国語使用の効率を高めた。さらに、易しい言葉で表記することとハングル専用の実践により、言語表記の改革を促進させ[12]、19 世紀末の朝鮮社会の発展と民衆の啓蒙のために重要な役割を果たした[13]。

　このような大韓帝国において朝鮮語の認識が高まる中、大韓帝国に対する日本の侵略が本格化した。実質的統治権を日本に奪われた大韓帝国は 1910 年 8 月 29 日に韓国併合により、日本から植民地支配を受けるようになる。さらに、同年 10 月 1 日には統治機構である「朝鮮総督府」を朝鮮に設置し、本格的に支配し始めた。

　植民地化の方法としては、大きく 2 つに区分することができる。1 つは、被植民地の被植民者を追放し、宗主国の国民を植民地に集団的に移住させ、宗主国と全く同じ社会を構築する方法である。もう 1 つは、被植民地の被植民者の居住を認め、その社会構造を宗主国に都合よく変え、利用する方法である[14]。朝

鮮において日本がとった方法は後者であった。被植民地の被植民者を宗主国の
ために利用する方法は、宗主国の国民にふさわしくするための教育を行うこと
であった。日本は植民地化のために朝鮮における政策として日本語の普及を優
先事項にしていたのである [15]。

　朝鮮における日本植民地期は大きく 3 つの時期に分けることができる。第一
に韓国併合の 1910 年から 1919 年の 3・1 独立運動までにおける武断政治期（憲
兵 [16] 警察統治期とも言われる）、第二に 3・1 独立運動以降、満州事変が起きる
1931 年までの文化政治期、第三に満州事変以降日本敗戦の 1945 年までの民族抹
殺期である [17]。

　上記のように 3 つの時期別に分けられるが、日本が朝鮮に対して行った一貫
した政策として、効率的な植民地支配のための弾圧、永久隷属化のための愚民
化政策、徹底した経済的収奪などがあった。

第 2 節　朝鮮における朝鮮人向けの言語政策

第 1 項　社会教育

　朝鮮総督府は、韓国併合の当初、2 万人ほどの憲兵警察と憲兵補助員を朝鮮の
至る所に配置し、武断政治を行った。憲兵警察は治安業務と共に、独立運動家
の逮捕や朝鮮人の生活全般への関与を行った。また、新聞紙法・出版法・保安
法を通して朝鮮の言論、出版、集会、結社の自由を制限した。さらに被植民地で
ある朝鮮の血統や文化、言語を融合・同化させるため、朝鮮総督府は朝鮮人に
対して日本語を「国語」として常用する言語政策を行った [18]。

　韓国併合前の 1890 年（明治 23 年）10 月 30 日に明治天皇により「教育ニ関ス
ル勅語」が日本国民に公布された。これは日本本土において行われた修身・道
徳教育の根本規範と同一であり、それを朝鮮に持ち込んだのである。植民地支
配を受けた朝鮮においてもその勅語が適用され、1911 年（明治 44 年）8 月 23 日
に朝鮮総督府は勅令第 229 号の朝鮮教育令を公布した [19]。

　第二條　教育ハ教育ニ関スル勅語ノ旨趣ニ基キ忠良ナル国民ヲ育成スル

コトヲ本義トス

　韓国併合後、朝鮮総督府は上記の「第 1 次朝鮮教育令（勅令第 229 号）」第二條で示した通り、日本語の普及に伴って朝鮮人を日本国民化することを目的としていた。

　文化政治期になってからは、朝鮮総督府は朝鮮人に対し、ある程度の自由を与える政策に変えた。しかしながら、日本が行った朝鮮人向けの社会教育においては「確固たる皇国臣民たる信念を堅持し、一切の生活に国民意識を顕現せしむるため、悉く国語を解せしめ、かつ、常用語として之を常用せしむるにある（原文引用）」と『朝鮮の国民総力運動』の趣旨で示したように、言わば、朝鮮人に日本語を普及することには変わりはなかった。

　朝鮮人に対しては、国語常用[20]を強要し、「皇国臣民として国語を話し得る誇を感得せしむること」「日本精神の体得上、国語常用が絶対必要なる所以を理解せしむること」「大東亜共栄圏の中核たる皇国臣民として国語の習得、常用が必須の資格要件たることを自覚せしむること」この 3 つの精神的指導が挙げられた。

　国語を理解する者に対しては[21]、

1. 官公署職員は率先国語常用を励行すること
2. 学生、生徒、児童は必ず常用すること
3. 会社、工場、鉱山等に於ても極力常用を奨励すること
4. 青年団、婦人会、教会その他集会に於ても国語使用に努むること
5. いやしくも国語を解する者は必ず国語を使用するは勿論、あらゆる機会に国語を解せざる者に対する教導に努むること

　この 5 つの方策が立てられた。まず、朝鮮人に日本語を奨励し、日本語を理解する人は必ず日本語を常用することが明示されていた。「2」項目の学生、生徒、児童向けの要目を除外すると、主として社会における日本語教育であったことが分かる。

　一方、国語を理解することができない者に対しては、「小学校附設国語講習所の開設」「各種講習会の開催」「国語教本の配布」「ラジオによる講習」「雑誌による講習」「平易なる新聞の発行」「常会に於ける指導」「児童生徒による 1 日 1 語運動」「各所在に於ける国語を理解する者よりの指導」の方策が立てられた[22]。

　さらには、文化方面に対しても日本語普及運動の要目が出された。文化、映画、演劇、音楽方面に対しては、極力日本語使用を勧奨すること、ラジオ第 2 放送には日本語をより多く取入れること、諺文（朝鮮語）新聞及び雑誌の中に日本語欄を設けることも明記された[23]。

　朝鮮総督府はただ日本語を教えるだけではなく、日本語を使用する者に対して表彰や処遇を行った。「日本語常用者に対する表彰」や公職その他の就職などにおける待遇、各般の処遇として優先的に考慮するように「優先的処遇」も行われた。

　一方、1910 年には朝鮮半島において武断統治が始まったが、言論機関に対しては弾圧や統制が行われた。『大韓毎日申報』は『毎日申報』と改題させ、朝鮮総督府の機関誌に変えた。『皇城新聞』は『漢城新聞』に、『大韓民報』は『民報』に、『大韓新聞』は『漢陽新聞』とそれぞれ改題させ、最終的には閉刊させられた。1920 年代には『東亜日報』『朝鮮日報』『時事新聞』の朝鮮語の民間新聞が許された。また、朝鮮語雑誌も発行するようになったが、朝鮮語が許容された『東亜日報』『朝鮮日報』の記事によると 1939 年 12 月、閉刊になった文学、演劇、映画、歌唱などにも日本語作品が強要奨励されたとされている[24]。

　1930 年代に入り、満州事変や日中戦争が惹起した際には朝鮮人が労働者として動員され、日本語教育が行われた。徴兵制度が実施された 1944 年度には、日本語常用運動が行われた。戦争で勝利を得る為には日本語教育が必須であるとされ、朝鮮人を日本人部隊に連行し、日本語習得を強要したのである[25]。

　このように、日常生活や朝鮮の言論機関への弾圧と統制、そして徴兵制度など、全ての面において宗主国の言語である日本語の教育が行われていた。

第 2 項　学校教育

既述のように植民地期の 3 つの時期に合わせ、言語政策もそれぞれの時期に

対応して、武断政治期には第1次朝鮮教育令（1911年）、文化政治期には第2次朝鮮教育令（1922年）、民族抹殺期には第3次朝鮮教育令（1938年）、第4次朝鮮教育令（1943年）の各朝鮮教育令が出されている。

　第1次朝鮮教育令は、日本の植民地教育政策を制定する為の基盤的な法令として実施されている。以下は、第1次朝鮮教育令（1911年8月23日）の一部である。

　　第一條　　　　朝鮮ニ於ケル朝鮮人ノ教育ハ本令ニ依ル

　　第二條　　　　教育ハ教育ニ関スル勅語ノ旨趣ニ基キ忠良ナル国民ヲ育成スルコトヲ本義トス

　　第三條　　　　教育ハ時勢及民度ニ適合セシムルコトヲ期スヘシ

　　第四條　　　　教育ハ之ヲ大別シテ普通教育、実業教育及専門教育トス

　　第五條　　　　普通教育ハ普通ノ知識技能ヲ授ケ特ニ国民タルノ性格ヲ涵養シ国語ヲ普及スルコトヲ目的トス

　　第九條　　　　普通学校ノ修業年限ハ四年トス但シ土地ノ状況ニ依リ一年ヲ短縮スルコトヲ得

　　第十二條　　　高等普通学校ノ修業年限ハ四年トス

　　第十六條　　　女子高等普通学校ノ修業年限ハ三年トス

　　第二十二條　　実業学校ノ修業年限ハ二年乃至三年トス

　　第二十六條　　専門学校ノ修業年限ハ三年乃至四年トス

　　第二十九條　　普通学校、高等普通学校、女子高等普通学校、実業学校及専門学校ノ科目名及其ノ課程、職員、教科書、授業料ニ関スル規定ハ朝鮮総督之ヲ定ム

　　第三十條　　　本章ニ掲クル以外ノ学校ニ関シテハ朝鮮総督ノ定ムル所ニ依ル [26]

　韓国併合後、初めて公布された第1次朝鮮教育令は、植民地の教育方針と制度を示したものである。朝鮮総督府の言語政策は上記の第二條のように、日本語普及に伴って朝鮮人を日本国民化することを目的としている。そのため、「朝鮮

語及漢文読本」という科目を除き、全ての教科書は日本語で編纂されていた。
教育課程において韓国併合の前は朝鮮語が「国語」であったが、併合後には日本
語が「国語」とされた。そして朝鮮語の科目名は「朝鮮語及漢文読本」となり、
漢文と統合されるようになった。第 1 次朝鮮教育令は、1910 年 10 月に東京帝国
教育会の朝鮮教育部主事委員会の「朝鮮教育方針[27]」に基づいて実施された。

　一．教育勅語の意味を普及し、日本と朝鮮とが、古来特別なる関係を有
　　　せるを以て、両国の併合は当然の運命なる事を了解せしめ、且つ日
　　　本の臣民として文明の舞台に樹つ事は、朝鮮人民の発展の為め、有
　　　益なりといふ希望を与へしむる事。
　二．日本語の普及を以て当面の急務とし全力を此事に注ぐ事、其方法は
　（一）初等教育には諺文及漢文を廃して、日本語を以て教授する事
　（二）日本語を教授する学校に、適当なる補助を与ふる事
　（三）師範学校を増設して、日本語に熟達したる多数教員を養成する事
　（四）各種学校専門学校に於ても、日本文の教科書を用ふるを正則とす
　　　　る事
　（五）日本語を以て官用語とする事
　（六）日本文にて書かれたる、家庭読物の類を普及せしむる方針を探る
　　　　事
　三．教科書の編纂は特に重大なるを以て総督直隷の機関を設けて之に當
　　　らしむる事[28]。

　上記で示した朝鮮教育方針の「二」の通り、朝鮮人に植民支配言語である日本
語を普遍的に常用させること（日本語普及政策）、植民政策を具体的に推進する
官吏らに朝鮮人との意思疎通能力を養うこと（朝鮮語政策、または朝鮮語奨励政
策）が優先的に推進されていた。
　朝鮮総督府が設置されて、朝鮮を統治し始めた初期の植民地教育方針を見る
と、朝鮮人に対して日本の「忠良ナル国民」として育成しようとしていたこと、
朝鮮人の労働力を搾取するために、実業教育を奨励して、朝鮮人を利用しよう

としていたことが窺える。

　日本語普及政策は、朝鮮人が究極的には朝鮮語を使用しないことを意図して推進されたので、「朝鮮語政策」とも密接な関連がある[29]。前述の通り、それまで科目名が「国語」であった朝鮮語は廃止され、「国語」は日本語となった。第1次朝鮮教育令の公布後、全ての教科書は日本語で記述され、唯一、「朝鮮語及漢文読本」の科目だけが朝鮮語で記述されているのみであった。ここで注目したいのは、「朝鮮語及漢文読本」という科目である。それまで朝鮮語と漢文の授業が別々にあったものが、統合されて同じ科目名になるとともに、その実情は朝鮮語より、漢文が授業の多くを占めるものであった。金恵貞をはじめ、植民地時代の朝鮮語に関して研究している多くの学者らは、学校教育の内容を分析するまでもなく、科目名を見ただけで、「朝鮮語」は「外国語」のひとつに降格しており、ただ、道具的な目的のためだけに維持されていると言及している[30]。

　しかし、他の面から見ると、朝鮮語と漢文を統合して一つの科目としたことに関して、別の意味合いも見えてくる。朝鮮語の言語表記には「漢字」と「ハングル」がある。「漢字」は日本語でも用いられるため、日本語を普及させる上で、朝鮮語の言語表記である「漢字」を活用しようという発想が出てくるのは自然なことであった。大澤（2009）は「朝鮮語及漢文」について、第1次朝鮮教育令に基づく普通学校規則において、「徳性」「涵養」により「国語ト連絡」することとし、また特に、「時トシテハ国語ニテ解釈セシムルアルヘシ」と規定していることから、「朝鮮語及漢文」の中に日本語教授を持ち込むことを意図したのであると述べている[31]。

　すなわち、「朝鮮語及漢文読本」の狙いは漢字教育であり、朝鮮語自体はその付属物に降下してしまっていると言えよう。大澤は普通学校規則で「朝鮮語及漢文読本」を必修科目として課すことが規定されたことについて、「現実的に朝鮮語を廃止するのは不可能であるため、「朝鮮語及漢文」科目の位置づけを、総督府にとって少しでもポジティブなものにしようという姿勢が窺える」とも述べており[32]、筆者もその意見に同意する。

　第2次朝鮮教育令は1922年2月6日に勅令第19号として公布された[33]。これは「内鮮共通ノ精神ニ期キ同一制度ノ下ニ施設ノ完整ヲ期スル」という朝鮮総

督府の諭告 [34] により朝鮮教育令の改定理由が明らかにされた。第 1 次朝鮮教育
令下で維持されてきた学校の種類及び修業年限について、朝鮮人と日本人の差
別を無くし、同一学制をとるという意図から朝鮮教育令の改定作業が着手され、
第 2 次朝鮮教育令が公布されたのである。

　第 2 次朝鮮教育令は朝鮮人教育だけではなく、朝鮮半島地域内の日本人教育
を規定する統一法令として改定された [35]。以下は第 2 次朝鮮教育令の一部であ
る。

第一條　朝鮮ニ於ケル教育ハ本令ニ依ル

第二條　国語ヲ常用スル者ノ普通教育ハ小学校令、中学校令及高等女学
　　　　校令ニ依ル但シ此等ノ勅令中文部大臣ノ職務ハ朝鮮総督之ヲ行
　　　　フ
　　　　2　前項ノ場合ニ於テ朝鮮特殊ノ事情ニ依リ特例ヲ設クル必要
　　　　アルモノニ付テハ朝鮮総督別段ノ定ヲ為スコトヲ得

第三條　国語ヲ常用セサル者ニ普通教育ヲ為ス学校ハ普通学校、高等普
　　　　通学校及女子高等普通学校トス

第四條　普通学校ハ児童ノ身体ノ発達ニ留意シテ之ニ徳育ヲ施シ生活ニ
　　　　必修ナル普通ノ知識技能ヲ授ケ国民タルノ性格ヲ涵養シ国語ヲ
　　　　習得セシムルコトヲ目的トス

第五條　普通学校ノ修業年限ハ六年トス但シ土地ノ情況ニ依リ五年又ハ
　　　　四年ト為スコトヲ得
　　　　普通学校ニ入学スルコトヲ得ル者ハ年齢六年以上ノ者トス
　　　　修業年限六年ノ普通学校ニ修業年限二年ノ高等科ヲ置クコトヲ
　　　　得
　　　　高等科ニ入学スルコトヲ得ル者ハ修業年限六年ノ普通学校ヲ卒
　　　　業シタル者又ハ朝鮮総督ノ定ムル所ニ依リ之ト同等以上ノ学力
　　　　アリト認メラレタル者トス
　　　　普通学校ニ補習科ヲ置クコトヲ得
　　　　補習科ノ修業年限及入学資格ニ関シテハ朝鮮総督ノ定ムル所ニ

依ル

　第六條　高等普通学校ハ男生徒ノ身体ノ発達ニ留意シテ之ニ徳育ヲ施シ
　　　　　生活ニ有用ナル普通ノ知識技能ヲ授ケ国民タルノ性格ヲ養成シ
　　　　　国語ニ熟達セシムルコトヲ目的トス

　第七條　高等普通学校ノ修業年限ハ五年トス
　　　　　高等普通学校ニ入学スルコトヲ得ル者ハ修業年限六年ノ普通学
　　　　　校ヲ卒業シタル者又ハ朝鮮総督ノ定ムル所ニ依リ之ト同等以上
　　　　　ノ学力アリト認メラレタル者トス
　　　　　高等普通学校ニ補習科ヲ置クコトヲ得
　　　　　補習科ノ修業年限及入学資格ニ関シテハ朝鮮総督ノ定ムル所ニ
　　　　　依ル

　第八條　女子高等普通学校ハ女生徒ノ身体ノ発達及婦徳ノ涵養ニ留意シ
　　　　　テ之ニ徳育ヲ施シ生活ニ有用ナル普通ノ知識技能ヲ授ケ国民タ
　　　　　ルノ性格ヲ養成シ国語ニ熟達セシムルコトヲ目的トス

　・・・（省略）[36]

　　上記から分かるように、第2次朝鮮教育令が公布されてから、朝鮮人は「小学
校令」「中学校令」「高等女学校令」を本土に住む日本人の教育と同等の規程とし
て定めることとなった。従来4年であった普通学校の授業年限は6年に延長さ
れ、従来の普通学校・高等普通学校・女子高等普通学校のほかに師範学校と専
門学校が設置された。そして、「朝鮮語及漢文読本」は廃止され、再び「朝鮮語」
が必修科目となったが、朝鮮人も日本人と全く同一教育課程となり、日本の教
育が強化されたという意味合いは強い。その中でも、日本人は「国語ヲ常用スル
者」、朝鮮人は「国語ヲ常用セサル者」と表現されており、日本人と朝鮮人との
区別がなされていた。第四條の「国民タルノ性格ヲ涵養シ国語ヲ習得セシムル
コトヲ目的トス」から、第2次朝鮮教育令においても武断政治期に制定された朝
鮮教育方針と同じ流れを汲んでおり、「国語」すなわち、日本語を習得させるこ
とが目的であったと言うことができる。
　〈表4〉は、国語習得に関して「日本語」と「朝鮮語」の授業時間を比較したもの

表 4　第 2 次朝鮮教育令時期の 6 年制普通学校の学年別
「朝鮮語」対「日本語」の週当たりの授業時間の比較

区分	朝鮮語	日本語	総授業時間
1 年生	4（17%）	10（43.5%）	23
2 年生	4（26%）	12（48 %）	25
3 年生	3（11%）	12（44 %）	27
4 年生	3（10%）	12（40.5%）	30
5 年生	3（10%）	3（10 %）	30
6 年生	3（10%）	3（10 %）	3（10%）
合　計	20（12%）	64（39 %）	165

出所：崔溶奇『韓国語政策の理解』韓国文化社、2010 年、p.43 より作成。

である。上記によると、普通学校における「日本語」の授業時間は「朝鮮語」の
3.2 倍である。第 2 次朝鮮教育令の公布は、事実上の朝鮮人を日本人と平等に扱
うという「一視同仁」の趣旨で行われた内地延長主義[37] の名目に過ぎなかった。
実質的には、文化政治期を宥和政策と言いながらも、徐々に朝鮮人を支配する
計画的な政策であった。

　1922 年には「教科書調査委員会」が設置される。これは教科書編纂指針を定
めることが活動の中心とする機関であり、韓国語学者であるホ・ジェヨンによ
ると、1922 年教科書調査委員会の審議事項は以下の通りである。

一．教科書用　国語仮名遣・諺文綴字法・国文朝鮮文ノ併記及朝鮮譯文
　　ノ作成等ニ関シテハ別ニ委員ヲ設ケテ調査スルコト
二．教科用図書ノ材料ハ一層生徒ノ性情趣味ニ適スルモノヲ選フコト
三．修身書ハ実践躬行ノ勧奨ヲ旨トスルコト
（以下略）[38]

前述の通り、「朝鮮語及漢文読本」の科目は「朝鮮語」に改称され、武断政治期
と同様に必修科目であった。一方で、「漢文」は「朝鮮語」の科目から外され、随

意科目とされていた。随意科目というのは、必修科目ではないので必ず履習する必要はなく [39]、いつでも廃止することが可能な科目を示す。ではなぜ、「漢文」が「朝鮮語」と分離され、随意科目に変更されたのか。この問題点についてはさまざまな見解がある。大澤は以前と異なり、「勧誘ヲ待タスシテ［普通］学校ニ入学ヲ志願スル者」が増加したという状況を迎え、朝鮮人側の教育要求の内容も、「漢文」から「学校教育ノ真ノ内容実質」へと移行した認識に基づいて、「漢文」を必修科目とする意味がないと判断したと見ており、就学状況の変化によるものであると述べ [40]、ホ・ジェヨンは「朝鮮語及漢文読本」という科目名の「漢文」の教育内容は漢字語彙に限らず、「漢文学習」を目標としていたため、諺漢文体のための漢字学習と科目としての「漢文」の間に乖離があったと述べている [41]。明らかなことは、第1次朝鮮教育令の公布後、統合した「朝鮮語及漢文読本」科目は日本語の普及にあたり、あまり効率的でなかったということが挙げられる。「国語」すなわち日本語を普及させることが目的であったため、その効果が発揮できなければ、科目を分離することも当然あり得たのである。

　日本は1931年に満州事変を勃発させ、1937年には中国北部に進出した。日中戦争を通じて大陸侵略への野心を露わにし、本格化させた。それに伴い、1938年には新教育令(第3次朝鮮教育令)を公布し、国体明徴、内鮮一体、忍苦鍛錬という3大綱領により、日本・朝鮮の区別を無くすべく同化政策を推進し、朝鮮における皇国臣民化を図った。学校は「忠良ナル皇国臣民」育成の場として規定している [42]。以下は、第3次朝鮮教育令（1938年3月3日）の一部である。

　第一條　朝鮮ニ於ケル教育ハ本令ニ依ル
　第二條　普通教育ハ小学校令、中学校令及高等女学校令ニ依ル但シ此等ノ勅令中文部大臣ノ職務ハ朝鮮総督之ヲ行フ
　　　　　前項ノ場合ニ於テ朝鮮特殊ノ事情ニ依リ特例ヲ設クル必要アルモノニ付テハ朝鮮総督別段ノ定ヲ為スコトヲ得
　第三條　実業教育ハ実業学校令ニ依ル但シ実業補習教育ニ関シテハ朝鮮総督ノ定ムル所ニ依ル
　　　　　実業学校令中文部大臣ノ職務ハ朝鮮総督之ヲ行フ

　　　　　　実業学校ノ設立及教科書ニ関シテハ朝鮮総督ノ定ムル所ニ依ル

　第四條　専門教育ハ専門学校令ニ、大学教育及其ノ予備教育ハ大学令ニ
　　　　　依ル但シ此等ノ勅令中文部大臣ノ職務ハ朝鮮総督之ヲ行フ
　　　　　専門学校ノ設立及大学予科ノ教員ノ資格ニ関シテハ朝鮮総督ノ
　　　　　定ムル所ニ依ル

　第五條　師範教育ヲ為ス学校ハ師範学校トス
　　　　　師範学校ハ特ニ徳性ノ涵養ニカメ小学校教員タルベキ者ヲ養成
　　　　　スルコトヲ目的トス

　第六條　師範学校ノ修業年限ハ七年トシ普通科五年、演習科二年トス但
　　　　　シ女子ニ在リテハ修業年限ヲ六年トシ普通科ニ於テ一年ヲ短縮
　　　　　ス

　・・・（中略）

　附　　則

　　　　　　本令ハ昭和十三年四月一日ヨリ之ヲ施行ス
　　　　　　本令施行ノ際現ニ朝鮮ニ存スル普通学校、高等普通学校及女子
　　　　　　高等普通学校ハ各之ヲ本令ニ依リ設立シタル小学校、中学校及
　　　　　　高等女学校トス・・・（省略）[43]

　それまで一視同仁の名の下、教育において朝鮮人と日本人の差別を無くし、同じ学制を取っていたが、1930 年代になって皇国臣民化政策がいっそう加速し、第3次朝鮮教育令の公布に至ることとなる。第3次朝鮮教育令は、差別を無くすという名目の下に朝鮮人のための教育機関と日本人のための教育機関の名称を統一した。朝鮮人を対象としていた普通学校は小学校に名称が変更され、高等普通学校と女子高等普通学校は、中学校と高等女学校に名称が変更されたのである[44]。これにより「内鮮一体」という理念の強化を図ることが改定の要旨であった[45]。

　皇国臣民化政策は朝鮮民族固有の言語や姓名、文化の抹殺を図っており、朝鮮人に傷跡を残している[46]。以下、朝鮮語教育の変化について述べる。

「朝鮮語」科目の完全廃止は、第4次朝鮮教育令の後になるが、実は第3次朝鮮

表 5　第 3 次朝鮮教育令時期の 6 年制尋常小学校学年別「朝鮮語」
　　　対「日本語」の週当たり授業時間の比較

区分	朝鮮語	日本語	総授業時間
1 年生	4（ 5%）	10（38.5%）	26
2 年生	3（11%）	12（44　%）	27
3 年生	3（10%）	12（41　%）	29
4 年生	2（ 6%）	12（36　%）	33
5 年生	2（5.8%）	9（26.5%）	34
6 年生	2（5.8%）	9（26.5%）	34
合計	16（8.7%）	64（35　%）	183

出所：崔溶奇『韓国語政策の理解』韓国文化社、2010 年、p.45 より作成。

教育令の時には、すでに文化の抹殺が開始されていたと言える。なぜなら、第 3
次朝鮮教育令において朝鮮語は必修科目から外され、随意科目に転換されたか
らである。

〈表 5〉を見ると、日本語の割合が非常に高い。また日本語、朝鮮語とも、学年
が上がるにつれ、授業時間数が減少していくことが読み取れる[47]。〈表 5〉から
は、授業時間数の減少があまり見受けられないが、「朝鮮語」が随意科目に転換
された故に実際には、朝鮮人に朝鮮語を履修する機会をほとんど与えなかった。
第 2 次朝鮮教育令までは必修科目であった時期に比較すると著しい地位の低下
であることが分かる。「国語」の日本語や公式「外国語」として扱われている英
語と比較すると、「随意科目」の朝鮮語は「外国語」にも及ばず、今日で例えるな
らば「第 2 外国語」のような扱いをされていたと言える。

第 3 節　朝鮮語学会の浮上

　日本植民地期において朝鮮には言語政策推進機関が 2 つ存在した。1 つは、日
本が意図的に日本語を普及するため設置した「朝鮮総督府」であり、もう 1 つは、
大韓帝国が学部[48]の中に設置した「国文研究所」である。主な民間の学術団体
としては、「朝鮮語学会」「朝鮮語学研究会」がある。「国文研究所」は周時経、池

錫永などの委員で構成され、約3年間国語統一に関する討議を行った。しかし「国文研究所」は、日本植民地期において自立的に政策を行うことができなかった。政府が推進して行う言語政策の全ては日本の監視を受けなければならず、都度朝鮮総督府の承認を得なければならなかった。朝鮮総督府の指令に従って行った言語政策には制限があったため、植民地時代においては、国文研究所は創立の趣旨に応えることができなかった。3年間のみ、国語統一に関する討議を行い、業績として「国文研究議定案[49]」を残した。

　民間学術団体である「朝鮮語学研究会」は、1931年に朝鮮語学の研究とハングル綴字法の整理を目的として朴勝彬が設立したが、実際は朝鮮語学会で推進している朝鮮語綴字法に対する反対運動をするため組織された団体である。朝鮮語学研究会は、ハングル綴字法統一案に対する反対声明を発表したが、根拠が薄弱な新符号などの使用を主張した点で、言論界や大衆の支持を得ることが出来なかった[50]。

　1919年3・1独立運動以降、朝鮮総督府は憲兵政治から宥和政策という「文化政治」に統治方法を変更した。それにより、集会、結社の規制が緩和され、若干の自由が与えられた。それに伴い、ハングル普及運動もさまざまな方法によって始まるようになった。朝鮮語学会の活動には、常に朝鮮語学者である周時経が存在していた。周時経は金枓奉・崔鉉培・金允經・權悳奎・張志暎・鄭烈模・李允宰などに朝鮮語研究を直接または間接的に教授した朝鮮語学者であり、その弟子らの多くは朝鮮語学会の会員として活動していた。「朝鮮語学会」は、1908年8月31日に朝鮮語と言語表記を研究するため、その分野に関心を持つ有志の学者たちによって設立した「国語研究学会[51]」を母体としている。それから1911年「ペダルマルグルモドゥム（배달말글몯음：朝鮮言文会）」、1913年には「ハングルモ（한글모）」に改め、1917年まで活動がなされていたが、後に4年間活動が中止された。

　その後、朝鮮総督府の統治方式が文化政治に変わったことを受け、1921年12月3日に周時経の門下生である任璟宰・崔斗善・李昇圭・張志暎・權悳奎・李奎昉・申明均などがソウルの徽文義塾に集まり、朝鮮語研究及び朝鮮語運動団体「朝鮮語研究会[52]」として活動を再開させた。この「朝鮮語研究会」が1931

年1月10日、第11回定期総会で名称を改め、「朝鮮語学会」となったのである[53]。

　朝鮮語学会の設立目的は、朝鮮語文の研究と綴字法を統一することである[54]。朝鮮語学会は朝鮮語普及のため、1907年に尚洞青年学院に「朝鮮語講習所」を開設し、その後、「朝鮮語講習院」に発展させた。1929年、朝鮮語学会は朝鮮語学会の主要事業を取り組むため、「朝鮮語辞典編纂会」を組織した。その組織には、朝鮮語学者である李允宰、李克魯、李重華などが参加した。その他に李熙昇、金善琪、安浩相、鄭寅承なども参加して活動を行った。

　「朝鮮語研究会」から「朝鮮語学会」に改称した後は、さらなる研究が進むようになった。1930年代の朝鮮語学会の活動はハングル講習会の開催と朝鮮語規範化への2つの方向に進んでいった[55]。まず、日本が朝鮮語を容認する状況を利用し、ハングル講習会のような一般大衆向けの事業（言語表記普及運動）を行った。ハングル講習会は「学会が主催する講習会（1930-1931、1933-1934、1937）」、そして、「主催する講習会（1931-1936）へ『朝鮮日報』社や『東亜日報』社などの新聞社が援助する」という2つの進め方で行われていた。朝鮮語学会は、劣悪な植民地教育の現実により、教育を受けることが出来なかった朝鮮人にとって大きな存在であった。それは、朝鮮人にとって、言語表記を学習する唯一の窓口が「ハングル講習会」であったこと、そしてそのハングル講習会は「朝鮮語学会」が開催していたからである。

　当時の朝鮮人の非識字率は90％[56]に及んでいた。そのため、『朝鮮日報』社は言語表記普及運動のため、学生たちの協力を得た。協力とは、夏休みや春休みなどの長期の休み期間中、ソウルから地元に帰省する学生たちに新聞を与え、非識字者の民衆にハングル表記を教育することであった。1929年『朝鮮日報』社主催の言語表記普及運動は、朝鮮語学会の朝鮮語の規範が使用された「ハングル表記」の普及運動であり、民族の力量を養う運動でもあった。

　また、『東亜日報』主催の「ブナロード[57]運動（農村啓蒙運動）」は、朝鮮語講習会との連携により従来注目されてきた。1931年から1934年までハングル普及運動は、毎年夏、「一生懸命に学ぼう！知ることこそ、力である！」「学ぼう！教えよう！　共にブナロード！」などのスローガンを掲げて学生たちを農村に派遣して識字教育やハングル表記普及を行ったのである[58]。4年間学生を中心

に全国に派遣して 9 万 7598 人にハングル表記を教育し、「ハングル勉強」など 210 万ハングル教材を作り配布した[59]。

　90％に及ぶ非識字率の改善のために朝鮮人が用いたのは、宗主国の言語である日本語ではなかった。朝鮮人は、朝鮮語の言語表記であるハングル講習を通して低識字率を打破しようと、一丸となって務めたのだ。これらにより、ハングル普及運動は朝鮮社会に大きな影響を与えたのである。しかし、朝鮮総督府のハングル表記普及禁止命令により、1934 から 1935 年までにはハングル表記普及運動は下降の一途をたどり、中断されるようになった。

　1930 年代、朝鮮語学会活動のもう 1 つの成果は、朝鮮語辞典編纂、綴字法及び標準語制定など、朝鮮語規範化に大きく寄与したことである。朝鮮語学会は 1929 年に朝鮮語辞典編纂会の結成を主導し、朝鮮語辞典を編纂した。そして 1933 年に「ハングル綴字法統一案」を発表した。1938 年に第 3 次教育令が公布された後、朝鮮総督府の日本語常用の言語政策や朝鮮語の弾圧がより強まり、ハングル講習会のような一般大衆向けの事業が禁止される中でも、1933 年に綴字法統一案を改正し、『改正ハングル綴字法統一案（개정한 한글 맞춤법 통일안）』を 1940 年 10 月に発刊した。また、同年、言語規範化政策の決定版と言える『朝鮮語辞典』を完成させた。1940 年 6 月にローマ字表記法と外来語表記法を制定し、それを翌年の 1941 年 1 月に『外来語表記法統一案』というタイトルで出版したのである[60]。

　当時、多くの朝鮮人は教育を受けることが出来ず非識字の状態であったが、このような社会背景が朝鮮語学会の活動範囲を朝鮮語辞典の編纂に止まらず、ハングル普及運動にまで拡張させる要因[61]となったのである。当時の朝鮮総督府が日本語普及のために行った言語政策は徹底したものであったが、そのような状況の中で朝鮮語学会が行った朝鮮語の研究、綴字法統一に関する活動の意義は非常に大きい。

　満州事変を起こした日本は、1935 年に国外では中国本土への野心を表し、国内では植民地の朝鮮人に対して完全なる抹殺政策を推進した。それは朝鮮人の独立運動に対する意識が高まることを恐れていたからである。1936 年 12 月には「朝鮮思想犯保護観察令」を発令し、少しでも疑いのある人を観察・監視した。

1938 年 4 月 1 日には「朝鮮教育令改定令」を制定し、朝鮮語科目を廃止した。1940 年 2 月には創始改名を施行し、1940 年 8 月には『東亜日報』『朝鮮日報』を強制的に廃刊した。その翌年の 1941 年、民族主義思想の強い朝鮮人を弾圧するため、思想犯として分類したのである。同年の 3 月には「思想犯予備拘禁令」を公布し、独立運動や民族啓蒙運動をする朝鮮人、またそのような運動をする可能性がある人までいつでも拘束できるようにした。太平洋戦争が開戦した 1941 年 12 月には学徒兵を徴集し、1942 年には朝鮮国産奨励団体と朝鮮史研究団体を強制的に解散させた。そのため、朝鮮語を研究する朝鮮語学会も強制的に解散させられる危機に直面する。そのような状況の中で起きたのが「朝鮮語学会事件」である。

　朝鮮語学会事件の研究者であるキム・サンピルによれば、朝鮮語学会事件の経緯に関して 4 つのパターンの諸説があるとされ、要約分類している。第一は、咸南洪原警察署の刑事が咸興永生高等女学校学生の私信を検閲している内、不穏な思想があるとと疑い捜査に取り掛かった。第二は、ある刑事が前津駅で朴炳燁とトラブルとなり、彼の家を捜索した。その折、女子学生であった姪の朴英熙の日記帳から不穏な文句が発見され、それを口実に捜査に取り掛かった。第三は、咸南洪原郡の通勤列車の中で咸南永生女子高等学校の学生たちの対話で、「太極旗」「ムクゲ」「国語使用者の処罰」などの言葉を聞いた洪原警察署の刑事が不穏な学生であると断定し、捜査に取り掛かった。第四は、丁泰鎭が咸南永生女学生事件の証人として洪原警察署に呼ばれ、自白書を書かされた [62]。キム・サンピルは上記の「第二」と「第四」の説を合わせたものこそ、事件の発端真相がより明らかになるだろうと述べた [63]。三ツ井も「第二」と「第四」の説を合わせたものを事件の発端として取り入れている [64]。本書でもこれらの説を取り上げることとする。

　事件は 1942 年 5 月に前津駅（咸鏡南道洪原邑）の待合室で、池章逸という人物と待ち合わせをしていた朝鮮人青年・朴炳燁が、日本人刑事の審問を受けたことに端を発した。朴は社会主義者であり、以前からマークされていた [65]。池と朴は警察署で審問を受け、池は帰されるも朴だけが不審人物として家宅捜索を受けた。朴の家を家宅捜索している中、朝鮮人刑事の安田（本名：安正黙）が

朴の姪である朴英熙の日記を発見して押収したのである。日記帳の中で問題となったのは「今日、国語を使ってしまい、先生に叱られた」という文章であった。

当時の「国語」というのは「日本語」を表し、当然ながら日本語を使用すべきであった。しかし、先生に叱られたので、思想犯の疑いが生じたのである。朴は、取り調べに対し、「朝鮮語」を間違って「国語」表記にしてしまったと陳述していたのだが、刑事は朝鮮語が「国語」であると思想教育を行った人物を捜査した。その取り調べの中で、朴の姪に民族主義を植え付けたのは、朝鮮語学会の会員で、辞典編纂を行う丁泰鎮であることが明らかになった。

1942 年 9 月 5 日に丁泰鎮は連行され、取り調べにおいて朝鮮語学会は民族主義団体であり、その目的は独立運動であると無理やり自白させられた。

この「自白」によって、同年 10 月 1 日に朝鮮語学会の会員であり、辞典編纂に協力した李克魯・鄭寅承・權承昱・李重華・李允宰・崔鉉培・金允經・張志暎・李熙昇・韓澄・李錫麟の 11 人が逮捕された。また、物的証拠として作成途中の朝鮮語辞典原稿と辞典編纂関係の書類が押収され、洪原警察署に移送された [66]。その後、1943 年まで数次にわたり朝鮮語学会の 33 名の会員 [67] が「治安維持法 [68]」第 1 条の罪として逮捕されたのである。逮捕された 33 人の中、最終予審に移され、裁判を待っていた 16 人のうち、1943 年 12 月 8 日に李允宰、翌年 2 月には韓澄が獄死した。また、張志暎・鄭烈模は控訴権の消滅により釈放された。残された 12 人に対しては、1944 年 12 月 21 日から翌年の 1 月 16 日まで 9 回にかけて公判があった。最終判決としては、執行猶予と無罪に判決された 7 人は釈放されたが、実刑を告げられた丁泰鎮・李克魯・崔鉉培・李熙昇・鄭寅承は刑務所に収監された。この判決に対して、丁泰鎮 [69] を除いた 4 人と張鉉植は上告したが、高裁から棄却されたので咸興地裁での判決が確定した。ところが、2 日後の 8 月 15 日に日本が敗戦し降伏したため、実刑を告げられた 4 人も 8 月 17 日に釈放されるようになった [70]。

朝鮮語学会は、前述した通り、朝鮮語と文字の研究・統一・発展を目的として設立された最初の民間学術団体であった。創立目的の通り、日本から残酷な弾圧を受けながらも朝鮮語を守ってきた団体でもある。ハングル学会（1949 年に朝鮮語学会から改称）のソン・ギジ氏によると、当時の朝鮮の民衆も朝鮮語

学会に対して、朝鮮語研究のため設立された民間学術団体であり、全く民族運動団体としての認識はなかったとされている[71]。しかし、日本が朝鮮語学会を弾圧し、朝鮮語学会の会員を拘束したことによって、朝鮮の民衆は、朝鮮語学会は独立運動のために朝鮮語辞典編纂をしていたと知るきっかけとなったのである。要するに、朝鮮の民衆は、朝鮮語学会事件を通して朝鮮語学会が朝鮮語辞典を編纂し、朝鮮語を守ろうとしたことは宗主国の日本に抵抗する行為の一つであること、それは独立運動の一環であると認識するようになったのである。結局、この事件が契機となり、朝鮮語学会は「学術団体」から「民族団体」に、ハングル普及運動は「識字率向上運動」から「民族運動」に意識が転換された。

第4節　朝鮮社会の現実

　日本語が「国語」であった日本植民地期に、朝鮮総督府は社会教育や学校教育で日本語教育を徹底的に行った。朝鮮の言論機関[72]は事細かに検閲され、統制や弾圧を受けたため、言論の自由がなかった。学校教育においても朝鮮語科目は日本語科目と比べると僅かな割合であった（表5参照）。しかも、その僅かな割合の中で、ハングル表記が中心である朝鮮語科目より漢字表記が中心である漢文の授業が殆どであった。

〈図2〉は朝鮮総督府が1930年に行われた『国勢調査』による朝鮮人の読み書きを得る者の調査結果をグラフにしたものである。1930年に行われた朝鮮人の総人口を見ると、2000万人であるが、この中で窺えるのは朝鮮人の77.7%が仮名及び諺文の読み書きが出来ない非識字の状態であったことだ。一方、仮名及び諺文の読み書きが出来る者は6.8%、仮名のみ読み書きが出来る者は0.03%、諺文のみ読み書きが出来る者は15.4%で、識字者の中では諺文のみが多く示された。

　朝鮮教育令が適用される小学校に通える年齢の非識字率を見ると、6-9歳は88.4%、10-14歳は76.2%であった。識字率から見ると、仮名及び諺文の読み書きが出来る者の中で6-9歳は7.7%、10-14歳が17.2%であった。また、諺文のみは、6-9歳は3.8%、10-14歳が10.1%であり、他の年齢層よりも小学校に通える年齢層の中で両言語の読み書きが出来る割合が多く見られた。これらの結果か

図 2　朝鮮人の読み書きを得る者の調査（年齢別）

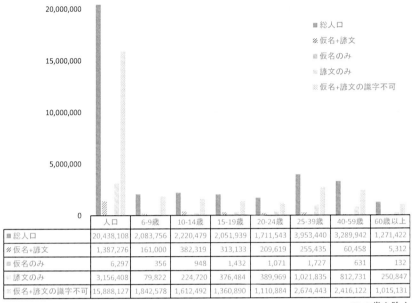

	人口	6-9歳	10-14歳	15-19歳	20-24歳	25-39歳	40-59歳	60歳以上
■総人口	20,438,108	2,083,756	2,220,479	2,051,939	1,711,543	3,953,440	3,289,942	1,271,422
▨仮名+諺文	1,387,276	161,000	382,319	313,133	209,619	255,435	60,458	5,312
▪仮名のみ	6,297	356	948	1,432	1,071	1,727	631	132
▨諺文のみ	3,156,408	79,822	224,720	376,484	389,969	1,021,835	812,731	250,847
▨仮名+諺文の識字不可	15,888,127	1,842,578	1,612,492	1,360,890	1,110,884	2,674,443	2,416,122	1,015,131

*0-5 歳を除く

出所：朝鮮総督府『昭和五年　朝鮮国勢調査報告　全鮮編』第 1 巻 結果表、1934 年、pp.80-81
　　より作成。

ら朝鮮教育令の実施効果があったと言える。

　識字者の中では、仮名のみは平均値が 0.03％ [73] で、両言語の読み書きが出来る者が多かった。なかでも 20 代以上、60 代未満の者が諺文のみの識字者の割合が高く、これは、植民地期に日本が朝鮮語を容認する状況の中で、ハングル講習会のような大衆事業を行った結果を裏付けたものであると言える（第 1 章第 3 節参照）。

　当時、朝鮮人の日本語教育を担当した近藤は、植民地期に朝鮮で発行された教育分野の専門誌『文教の朝鮮』（1940）で日本語の識字者に対して「朝鮮における日本語を理解する者の大部分が学校教育を経た者のみ」であると述べ、日本語の読み書きが出来る識字者は、ほぼ学校教育で学習していたと推測される。

　さらに近藤（1940）は読書層について次のように述べた。

正確なことは分からないが、現在精神総動員聯盟で発行している機関雑誌『あかつき』の国語版は7万7千965部で、その中、約7万部が朝鮮人同胞によって読まれるのである。また、朝鮮人民衆を対象とする文化運動の宣伝文書は諺文30に対して国語文は8の割合で行けばよいとのことであるが、実際は国語文の方はずっと率が少ない。また、現在朝鮮内に於て発行せられつつある諺文の月刊雑誌は『朝光』『野談』『三千里』『女性』『少年』『新世紀』以下各種のものを合わせて152の多きに達しているのに、国語によって朝鮮人民衆を教え高めようとする雑誌は『東洋の光』『内鮮一体』『国民新報』の3つを数えるに過ぎず、『太陽』や『毎新写真旬報』はほんの申訳け的に国語欄を設けているのである（原文引用）[74]。

朝鮮における言語政策は日本語を普及させることが目的であったため、自由が抑圧された時期であった。しかし、近藤（1940）が述べたように、実際は、1939年は、国勢調査が行われた1930年と同様に朝鮮語の識字率が高く、日本語の識字率はその8割も及ばなかった。

しかし、これはあくまで率の少ない識字者内での朝鮮語の割合であるため、依然として実際の非識字率は極めて高い状態であった。

小括

植民地朝鮮の言語政策を主導した朝鮮総督府は朝鮮語綴字法の関係上、当初は朝鮮語学会と協力関係にあった。その中で朝鮮語辞典が編纂されたり、ハングル綴字法統一案が制定されたりするなど、朝鮮の言語政策において大きな成果が出された時期でもあった。朝鮮語学会の元来の設立趣旨は朝鮮語研究と綴字法の統一であったが、朝鮮総督府は満州事変後、民族主義意識が強い人々を弾圧する過程で朝鮮語学会への弾圧を開始し、朝鮮語学会事件を引き起こした。その結果、学術団体である朝鮮語学会、そしてその学会が扱うハングル表記そのものにも独立運動の手段としてのイメージを与えることになったのである。朝鮮語学会に思想犯、民族主義者であるという認識を与えたのは朝鮮総督府で

あることが明らかになった。

　一方、朝鮮の共同体は、非識字者と識字者の比率の平均値がおおよそ 8:2 の割合に近いほど、この時期に非識字共同体が極めて高く現われた。少数派の識字共同体においては、日本語識字より朝鮮語表記の中のハングルの識字率が非常に高く、実質的にハングル共同体が作られていた。それは、『朝鮮日報』や『東亜日報』などの言論機関を含め、朝鮮語学会、青年識字者が非識字共同体に対してハングル普及運動をもって先導したことがきっかけとなっていた。

　識字共同体の発端である学校教育では、朝鮮人向けの日本語普及手段として「朝鮮語」と「漢文」が利用されていた。なかでも「漢文」科目が「朝鮮語」科目に対し示す割合が高く、漢字表記を利用して日本語を普及させようとする朝鮮総督府の意図が明らかになった。日本の日本語普及手段として朝鮮で用いられている漢字が利用され、朝鮮語の漢字表記に対する認識が徐々に「漢字は日本語の一部」であるという抵抗の認識を与えるようになった。

　植民地期の朝鮮の人々は日本から弾圧を受け、労働などにおいても強制動員された。その経験はそれが元来は日本に対する抵抗でなかったとしても、日本の抑圧体制のもとでは抵抗とならざるを得なかった。これは言語表記問題においても例外ではなく、多くの先行研究が抵抗の象徴として言語をナショナリズムと結び付けている。

　いずれにせよ朝鮮の「漢字」に日本植民地支配に対する抵抗のイメージが付与されたのは、植民地支配を受けて自然に生じたものではなく、政策を行う過程で抵抗のイメージを与えた朝鮮総督府である。こうして、植民地期には朝鮮のもう 1 つの言語表記である「ハングル」共同体の胎動期を迎えることになるのだが、そのことによって朝鮮の言語共同体は「日本語共同体」「漢字共同体」そして「ハングル共同体」が鼎立することになり、植民地期の言語共同体は「第一混乱期」であると言える。

〈注〉

1）上田万年（1867-1937）は、明治後半期以降の文部省の言語政策機関に深く関わった。上

田はドイツ・フランス留学後、まだ日本に統一した言語が欠如していることを痛感し、「国語と国家と」において「『国語』とは、国民全体に均質に流れる血液のようなものであり、『血液』によって国民としての一体性を実感させるもの」と規定し、「国語」の確立を唱えた。上田の論文集『国語のため』（冨山房、1895 年）の扉の言葉、「国語は帝室の藩屏、国語は国民の慈母」に国家と国民とに密接に「国語」を関わらせようとした上田の意図を見出すことが出来る。日本国家全体としても、「国語」の内実の欠如という意識のもとで、日清戦争後の中華からの離脱を意識するナショナリズムの高揚のなか、統一された「国語」の確立のための国家的言語政策機関設置の要請が強まっていた。上田は「国語」の国家による制度化と国家による研究機関の設置の双方に関与しており、1900 年の小学校令改定で上田の働きによって「国語」という教科が設けられた。こうして「国語」という枠組み及びその「歴史」、そして価値ある規範としての認識が徐々にではあるが、一般に浸透していたのである。

2) 李善英（2012）、前掲論文、p.148。

3) 同上、p.149。

4) 三浦信孝・糟谷啓介『言語帝国主義とは何か』藤原書店、2000 年、p.70。

5) 「ハングル」は、1446 年世宗大王（1397-1450）が 28 字を頒布した当時、「訓民正音」、あるいは「正音」と呼ばれていた。訓民正音を頒布した後は、諺文（언문）、諺書、反切、アムクル（암클）、アレックル（아랫글）などとも呼ばれていた。その後、カギャグル（가갸글）、国書、国文、朝鮮語などと名前が変わり、近代に至っている。

6) キム・ウォンギル（2011:181）は、ハングルの意味について「一国の文字」「大なる文字」「世の中で一番である文字」であると記している。

7) 「ハングル足跡」ハンギョレ新聞（1996.1.1）、チェ・ギョンボン他『ハングルについて知っておくべきことの全て』本と共に、2008 年、p.242。

8) 20 世紀はじめ、朝鮮人は朝鮮語と朝鮮文学の研究と発展において徐々に関心を示し始めた。他の民族主義運動と同様に言語、特に朝鮮語は朝鮮の国家アイデンティティの決定的部分となった。朝鮮語学者であった周時経は誰よりもハングルを支持しており、民族文学の新しいジャンルを開拓した。1907 年に出版された『国語と国文の必要』では、朝鮮人は漢字を敬うだけで世宗大王が創製した民族文字を敬うことも使用することもできないと嘆いた。そして、「朝鮮人であれば、全ての国語と国文を朝鮮の根本である

文字として敬い、愛して使用することを願う」と主張した。また、ハングルが朝鮮の新しい国家アイデンティティの土台になるべきであり、富強国になるためにはハングル使用を奨励しなければならないと唱えた。当時、出版されたさまざまな教科書にはそのナショナリズムへの関心と努力が反映されている。1906 年に出版された『初等小学』や 1907 年出版の『幼年必読』という教科書がその代表である。

9)「ハングル運動」は、一般の民衆にハングルを普及させようとする運動である。「ハングル普及運動」とも言われる。

10) 独立協会は 1896 年 7 月に徐載弼が創立したもので、朝鮮における最初の近代的な社会政治団体である。独立協会の支持勢力は貞洞倶楽部勢力、建陽協会勢力、実務級中堅官僚層勢力などの新興社会勢力が背景である。新興社会勢力は大きく新知識層、市民層、農民層の 3 つに分けられる。新知識層は、開港後、海外の視察・海外留学・新教育・新聞と書籍などを通して、近代思想を受け入れる過程で新しい世界観と知識体系を持ち、成長していた。市民層は、列強の経済的侵奪から彼らの権益を守護し、前近代的な束縛から切り抜けようとする強い意志を持っていた。農民層は、19 世紀以来に繰り返されてきた農民運動と東学農民運動[76]の展開する過程で反封建・反侵略意識が強化され、新興社会勢力の一つになった。

11) 周時経は独立新聞の総務及び校補員（校正を見る人）として務めており、ハングルで書いた新聞を編集するのに大きな影響を与えた。

12)「ハングル運動とは」、デジタルハングル博物館の URL 参照
　（http://www.hangeulmuseum.org/ 検索日 :2018.6.7）。

13) 李善英（2012）、前掲論文、p.150。

14) 斗山東亜百科事典研究所『斗山世界大百科事典』斗山東亜、1996 年、pp.568-569。「植民政策」を参照。

15) 李善英（2012）、前掲論文、p.150。

16) 一般憲兵は、軍組織内の法秩序維持を主な任務とする兵科または軍人で、軍に関する司法・行政警察機能を担うが、朝鮮における日本憲兵隊は、民間人にも一般警察業務を実施して、民間人に対する検問、逮捕、拘禁、調査などを行うことができた。

17) 李善英（2012）、前掲論文、p.150。

18) ホ・ジェヨン『日帝強占期の語文政策と語文生活』キョンジン、2011 年、pp.136-137。

19) 李善英（2012）、前掲論文、p.151。

20) 朝鮮人が日本語を国語として日常生活において使用すること。

21) 朝鮮総督府『朝鮮の国民総力運動』1943 年、pp.123-124。

22) 同上、p.124 参照。

23) 同上、p.125 参照。

24) 井上啓子・二宮民江「植民地における言語政策Ⅰ－(2)：韓国の日本語化政策の実態」長崎純心大学紀要 34 巻、1997 年、p.125 参照。

25) 同上、p.125 参照。

26) 『朝鮮総督府官報5』ソウル亜細亜文化社、1985 年、pp.9-10 参照。

27) 朝鮮教育方針は、『毎日申報』1910 年 9 月 11 日に朝鮮語で掲載されていた。本書においては便宜上、日本語で掲載されている『教育時論』から引用する。

28) 『教育時論』「時事彙報：朝鮮教育方針」第 919 号、1910 年 10 月 25 日、p.30。

29) ホ・ジェヨン（2011）、pp.20-21 参照。

30) 金惠貞「日帝強占期「朝鮮語教育」の意図と性格」『語文研究』第 31 巻、第 3 号通巻第 119 号、韓国語文教育研究会、2003 年、p.432 参照。

31) 大澤宏紀「朝鮮総督府による「朝鮮語」教育－第 1 次・第 2 次朝鮮教育令下の普通学校を中心に－」『教育史・比較教育論考』19 巻第 19 号、北海道大学大学院教育学研究院教育史・比較教育研究グループ、2009 年、p.6。

32) 同上、p.6 参照。

33) 『朝鮮総督府官報』には 2 月 6 日と記録されているが、国家記録院の URL（http://contents.archives.go.kr/next/content/listSubjectDescription.do?id=008022&pageFlag=A　検索日：2017. 3.6）には 2 月 4 日と書かれている。本書では、『朝鮮総督府官報』写本に基づき、2 月 6 日と示すことにする。

34) 朝鮮総督府『朝鮮総督府官報』(1922)ソウル亜細亜文化社、諭告に関する記事 pp.512-513 参照。

35) 国家記録院「第 2 次朝鮮教育令」。
（http://contents.archives.go.kr/next/content/listSubjectDescription.do?id=008022&pageFlag=A
検索日：2018.3.6）

36) 『朝鮮総督府官報51』ソウル亜細亜文化社、1986 年、p.511 参照。

37) 植民地と本土との間に制度上の区分を立てず、日本本国と同じ法を適用すべきとし、同じ帝国臣民として内地臣民と同等の権利・義務を与え、内地と区別される特別な統治制度を布くべきでないとする同一化政策である。詳しくは http://www.bun.kyoto-u.ac.jp/~knagai/josetu/0103.html（検索日：2017.3.5）参照。

38) ホ・ジェヨン（2011）、p.184。

39) 新村出編『広辞苑』第四版、岩波書店、1991 年、「随意」の意味引用。

40) 大澤宏紀（2009）、p.9。

41) ホ・ジェヨン（2011）、pp.185-186 参照。

42) 李善英（2012）、前掲論文、p.156。

43)『朝鮮総督府官報』ソウル亜細亜文化社、1938 年、pp.71-72 参照。

44) 韓国における初等教育機関の名は 1941 年、勅令により皇国臣民学校を表している「国民学校」に変えられ、解放後も使用続け、1996 年に「初等学校」という名に変わった。

45) 李善英（2012）、前掲論文、pp.156-157。

46) 下中直人『世界大百科事典 18』平凡社、1988 年、p.392「皇民化政策」を参照。

47) 必修科目であった第 1 次朝鮮教育令時期の「朝鮮語及漢文読本」と「日本語」の週当たりの授業時間は、「朝鮮語及漢文読本」の場合、1 年生（23％）、2 年生（23％）、3 年生（18.5％）、4 年生（18.5％）で合計 20.7％である。「日本語」の場合、1 年生（38.5％）、2 年生（38.5％）、3 年生（37％）、4 年生（37％）で合計 37.7％である。総授業時間は、1 年生（26）、2 年生（26）、3 年生（27）、4 年生（27）で合計 106 時間である。そして、第 2 次朝鮮教育令時期の「朝鮮語」と「日本語」の週当たりの授業時間は〈表 4〉を参照する。

48) 朝鮮末期に学務行政を司る中央官庁である。今日の教育部に該当する。

49)「『開化期の国文研究』出刊」『東亜日報』（1970 年 5 月 28 日付）、チェ・ギョンボン他『ハングルについて知っておくべき全てのこと』本と共に、2008 年、pp.144-151 参照。

50) 1920 年代においては、朝鮮語研究会とともに朝鮮語規範化運動の担い手であった「啓明倶楽部」で活動をし、朝鮮語学研究会は機関誌「正音」を発刊するなどの業績を残している。啓明倶楽部は、1918 年 1 月、関大植、朴勝彬らが民族啓蒙団体として発足させた「漢陽倶楽部」の後身で、1921 年に「啓明倶楽部」と改称した（三ツ井崇『朝鮮植民地支配と言語』明石書店、2010 年、p.274）。

51) 今日のハングル学会の創立記念日は 1908 年 8 月 31 日として記念行事を行っている。

52) 三ツ井崇は、朝鮮語学会の創立日に関して 1921 年 12 月 3 日に組織された「朝鮮語研究会」と見なしている（三ツ井崇、2010:322）。

53) 「ハングル学会」韓国学中央研究院の URL 参照（http://www.aks.ac.kr/aks/Default.aspx　検索日 :2018.10.12）。

54) 三ツ井崇（2010）p.227 再引用「朝鮮語学会規則」。

55) チェ・ギョンボン他（2008）、p.159 参照。

56) 「『社説』日帝強占期民族の力を養った識字運動」（『東亜日報』2011 年 12 月 2 日付）（http://news.donga.com　検索日 :2018.11.1）。

57) ブナロード（vnarod）は、「民衆の中へ」という意味である。ロシアで知識階級が労働者である農民の中に飛び込んで、民衆たちと共に生活をしながら民衆を指導した民衆運動のひとつである。

58) チ・スゴル「日帝時期ブナロード運動再評価するべき」『歴史批評』通巻 11 号、歴史批評社、1990 年、p.259 参照。

59) 『東亜日報』2011 年 12 月 3 日付（http://news.donga.com　検索日 :2018.11.1）。

60) チェ・ギョンボン他（2008）、pp.160-161 参照。

61) 同上、p.159 参照。

62) キム・サンピル「石人先生と朝鮮語学会受難事件」『ナラサラン』第 99 集、ウェソル会、1999 年、pp.155-156 参照。

63) 同上、p.156 参照。

64) 三ツ井崇（2010）、pp.249-255 参照。

65) 水野直樹は、朝鮮における予防拘禁制度実施(1941 年) の背景として、朝鮮総督府が非転向思想犯の刑期満了後の再犯をおそれていたことを言及し、「赤色農民組合運動が盛んで、国境を接する満州では東北抗日連軍が活動していた咸鏡南北道に対しては治安当局が神経をとがらせていた」と指摘している。三ツ井崇（2010）、p.253 引用。

66) 同上、p.251 参照。

67) 公式には 33 名とされているが、1943 年 3 月末から 4 月 1 日にかけて申輪局・金鍾喆は不拘束で審問を受けており、また証人として審問を受けた人もおよそ 48 人もいた。

68) 治安維持法とは、「國體ヲ變革シ又ハ私有財産制度ヲ否認スルコトヲ目的トシテ結社

ヲ組織シ又ハ情ヲ知リテ之ニ加入シタル者」を処罰する法律である。『官報』3797 号・

1925 年 4 月 22 日（http://www.geocities.co.jp/berkeley/3776/chianijiho.html 検索日 :2017.6.13）

69）丁泰鎮は、服役を終えて 1945 年 7 月 1 日出獄した。

70）編集部「朝鮮語学会の受難事件」『ナラサラン』第 42 集、ウェソル会、1982 年、pp.119-
125 参照、三ツ井崇（2010）、pp.248-255 参照。

71）ハングル学会、ソン・ギジ（성기지）学術部長とのインタビュー（2012.1.26.）。

72）新聞・雑誌など、言語で思想を発表したり、意見を交わしたりするために活動する機
関。

73）数値が極めて低いため、仮名のみは、小数点第 2 位までにした。

74）近藤時司「朝鮮に於ける国語教育と社会教育」『文教の朝鮮』7 月号、朝鮮教育会、1940
年、p.83。

第 2 章　李承晩政権期の言語共同体 （1946 年―1960 年）

第 1 節　時代背景と政策目標

　朝鮮半島は日本植民地支配の終息後、政治・経済・社会・文化の全ての領域で急激に変化した。解放後、朝鮮半島の情勢はアメリカとソ連の意向によって左右され、不安定な時期を送っていた。米ソ対立によって朝鮮半島の北はソ連軍政、南は米軍政のそれぞれの時期を経て、最終的には 1948 年に北は「北朝鮮」、南は「大韓民国（韓国）」という分断国家が誕生した。

　北朝鮮の場合、ソ連の支持を得た金日成は「植民地残滓の清算と社会主義国家の建設に必要な人民動員」を目的に識字運動が行われた。北朝鮮の教育局長のチャン・ジョンシクは「日本帝国主義の奴隷教育政策は我々に正しくない教育を強要しただけではなく、総人口の 60％という非識字層を残しました。大衆は未だに政治に無関心で自分自身の位置も知らず、自分の力を計画的で組織的に使いこなせることができません。その原因の大きな理由の一つが教育の貧困にあることを指摘せざるを得ません（以下省略）[1]」と非識字者の性向と識字教育の必要性について述べた。実際、北朝鮮は 1948 年 9 月の政権樹立の後、識字教育の必要のためなのか言語表記の政策として漢字を廃止し、ハングル専用を推進した（但し、学術用語に関しては漢字部分使用を許容した）。その後にも言語政策の基本方向に大きな変化はなかったが、1964 年に金日成の 1.3 教示と 1966 年の 5.14 教示によって、1968 年に小学校 5 年から大学まで 3000 字の漢字教育が導入され[2]、1968 年から今日に至るまで行われている[3]。

　韓国の場合、李承晩が韓国国内の権力闘争で勝利し、また米軍政の支持を得て大韓民国の政府樹立を主導した。1948 年 5 月 10 日に行われた制憲国会議員選挙において李承晩は同一選挙区に対立候補はなく、無投票で当選した。同月 31 日に 198 人が出席した制憲国会で 188 票を獲得して国会議長に選出された。さらに国会議長の権限で大統領中心制の憲法を制定・公布した李承晩は、同年 7

月 20 日に大韓民国の初代大統領に当選し、8 月 15 日に就任したのである[4]。

　就任後、李承晩は民族を一つにしなければならないという「一民主義」を唱えた。一民主義の綱領として、①経済的に貧困な国民の生活水準を高め豊かにし、誰でも平等な福利を享受するようにする、②政治的に多数の国民の地位を高め、誰でも上流階級並の待遇を受けるようにする、③地域差を打破し、大韓民国はいずれも一民族であることを標榜する、④男女平等主義を実践し、民族の禍福安危の責任を 3000 万人が平等に分担するという 4 つが挙げられている[5]。

　李承晩が唱えた「一民主義」はどの綱領も教育に繋がっていた。「①」の経済的に貧困な人民生活程度を高めるために教育が必要であり、「②」も地位を高めるために知識を習得しなければならない。「③」の地域の区分の打破や「④」の男女平等主義を実践することも、やはり国民に対する教育が重要であることを示している。韓国の男性優越主義の下で女性に対する教育が軽視されていたので、男女平等主義を実践するためにも女性に対する教育は必須不可欠である。これらのことから李承晩は「教育なしでは国の発展はない」と考えていたことが

表 6　諺文[1]を読み書きできる朝鮮人の数 (1930 年)

	朝鮮人全体	男＋女		男		女
全体	20,438,108	4,543,684	10,398,889	3,746,538	10,039,219	797,146
		22.2%		36.0%		7.9%
府部	889,082	383,121	456,919	264,745	432,163	118,376
		43.1%		57.9%		27.4%
郡部	19,549,026	4,160,563	9,941,970	3,481,793	9,607,056	678,770
		21.3%		35.0%		7.1%

出所 : 山田寛人「植民地朝鮮における近代化と日本語教育」『日韓歴史協同研究報告書（第 2 期）第 3 分科会（近現代史）篇、第 2 章近代化』日韓文化交流基金、2010 年、p.150。

[1] 山田の日本語版の論文「『植民地朝鮮における近代化と日本語教育』『日韓歴史協同研究報告書 (第 2 期) 第 3 分科会 (近現代史) 篇、第 2 章近代化』日韓文化交流基金、2010 年、p.150」の表記には「諺文」とし、韓国語版の論文「식민지 조선에서의 근대화와 일본어 교육 , 제 2 기 한일역사공동연구보고서 제 4 권 , 2010 년 ,p.241.」の表記では「ハングル」とした。なお、韓国語版表記の「ハングル」に関しては、表の説明の部分を「ハングル」という表記ではなく「韓国語」と表記し、「ハングル＝韓国語」として認識していてばらつきがあった。

窺える [6]。

　李承晩政権の教育として民族教育、滅共必勝の信念 [7] や集団安保意識を高めようとした反共主義教育も重要視された [8] が、国語教育の問題は教育の中でも欠くことのできない第一の問題であった。国語教育の重要性については、解放前の朝鮮における識字率をもって見ておきたい [9]。

　〈表 6〉は山田（2010）が「朝鮮国勢調査」をもとに作成したものである。朝鮮人の「読み書きの程度」の調査は 1930 年に実施した朝鮮国勢調査のみで、後にも先にも〈表 6〉のように詳しく行ったものはない。また、1930 年以降は小学校における朝鮮語の教育も随意科目に替わり、実際には朝鮮語を履修する機会もほとんど与えられなかったため [10]、解放前の識字率としては 1930 年の朝鮮国勢調査のものが一番信頼できる [11]。

　朝鮮国勢調査 [12] によると、朝鮮人の識字率は 22.2％ [13] を示している。また、性別からは男性は 36.0％、女性は 7.9％で男性の方が 4.5 倍上回っている。府では男性が女性より識字率が 2 倍上回り、郡では約 5 倍上回っていることから女性の地位が低かったこと、および男性中心に教育が行われたことが推測される。さらに当時の在朝日本人の日本語の読み書き能力が 79.6％ [14] であることと比較してみると、解放直後まで朝鮮人の識字率がどれほど低かったのか、国語教育の重要性がどれほど高まっているのか窺うことが出来る [15]。

　国語の問題は社会的には国語運動、国家的には言語政策の問題であった。解放直後の韓国人の識字率は 12 歳以上 [16] の総人口（10 億 25 万 3138 人）の約 22％（798 万 922 人）であった [17]。本節の冒頭で述べた通り、解放前の 1930 年の国勢調査による朝鮮人に対する識字率とほぼ同様である。これは日本植民地期の同化政策により、韓国語 [18] とハングル表記の使用が禁じられたため、当時、多くの国民は韓国語を知らない非識字の状態であった。解放直後の識字率が約 22％であったことは、植民地支配への抑圧と祖国建設のため当面的な課題を見せていた。

　解放後の米軍政庁期には、国民の習得が早い「ハングル教育」と「綴字法」を覚えさせることを課題としていた。学校教育においてはハングルを普及させるため、朝鮮語学会 [19] の主管で『ハングル初歩』（1945）が発行された。『ハングル

初歩』の発行は、初等教育や中等教育を受ける前にまず「ハングル教育」を受け
させる狙いで行われた。1945 年 12 月、米軍政庁は識字問題を管掌するための
「成人教育委員会」を組織し、識字教育を指導する「成人教育師」という指導者
養成を計画した。1946 年 4 月 5 日以降、3 次にかけて指導者養成のための講習会
が行われ、第 1 回は 145 人、第 2 回は 104 人、第 3 回は 115 人の成人教育師を養
成したのである [20]。また、「国文講習所」という識字教育のための公共機関を設
置し、運営を行った。1946 年 6 月から行われた識字教育活動は 1949 年教育法が
公布されるまで活発であった。1946 年から 1947 年にかけて 4 万 6090 回の国文
講習を行い、講習を受けた人は 239 万 5481 人であった [21]。

　1946 年 5 月には公民学校設置要領が制定され、公民学校が正式に設立された。
年齢、就学の可否によって少年科（12 歳以上の小学校未就学者）、青年科（17 歳
以上の小学校未就学者）、補修科（12 歳以上の小学校卒業者）に分かれていた。
授業年限は少年科が 2-3 年、青年科 1-2 年、補修科 1 年にした。なかでも年齢が
より若くて、小学校未就学者の少年科の授業年限が 1 年ほど長く捉えられてい
るが、必要に応じて年限を伸縮することができたのである。1946 年 8 月 31 年を
基準に公民学校は　8287 校、教師 1 万 2248 人、学生 77 万 7868 人であったが、
1947 年には公民学校が 1 万 5506 校、教師 2 万 507 人、学生 84 万 9008 人で学校
の数や教師数、学生数ともに増加していた [22]。

　1947 年 5 月には「ハングル皆学促進運動」という識字運動を展開した。この運
動は有権者として非識字者も普通選挙に参加し、祖国再建に参与してもらう目
的で韓国の全地域で行われた。運動の内容として、17 歳以上の全ての非識字者
に 5 月から 6 月までの 2 カ月間、ハングル表記を習得させた [23]。

　これらの結果、解放直後と比べ、1948 年に大韓民国政府が樹立してからの識
字率は約 58.7％ [24] まで上がった。植民地時代を経験し、非識字者国民が多く
なった韓国では、これまでの漢字混用の表記教育を行うことができなかった。
識字率向上を促進するための国語教育の動きは読み書きをハングルで行う「ハ
ングル教育」に偏ってしまった。一般社会では依然として漢字混用表記が常用
している中で、非識字者国民に対する教育のみ、ハングルで行い、解放後の国民
に対する教育と社会で常用する言語表記にズレが生じ始めたのである [25]。

第 2 節　李承晩政権の言語政策

　国語教育の問題は国全体の問題であった。韓国で国語（韓国語を称する）を書き表す際に使用される文字は「漢字」と「ハングル」である。日本植民地時代を経験した韓国では、日本語表記の中に漢字語が含まれていることから国語教育を政策としてそのまま行わず、漢字教育を排除したハングル教育に偏った政策を採っていた。

　国語表記に関する論争は既に開化期から始まっていた。1898 年 1 月に徐載弼の指導で組織された学生団体である協成会[26]の機関誌である『協成会会報』の刊行におけるハングルと漢字の併用に関する論争があった。当時、李承晩の強い主張により純ハングルの発刊になったこと[27]、前年度の 1897 年にはハングル専用新聞である『毎日新聞』『帝国新聞』を発刊したこと[28]から、独立運動家でありながら民族主義者として認識された李承晩にとって、国語表記の優先は漢字ではなくハングルであった。

　1898 年 1 月の『毎日新聞』では「諺文を習得すれば、まもない時間に 1 万冊の書籍を読むことができる。学ぶ学問の速さをどう比べられよう。国文は真に世界において稀な字である。この文を書けたら字を書けない人、本を読めない人は全世界で少なくなるだろう[29]」と力説した。また、1944 年 7 月 4 日のニューヨークタイムズで李承晩は、「韓国人は極東で唯一の表音文字ハングルを持った唯一の民族である。言い換えれば、この話は韓国人らがアジア諸国の人々よりも字の解読率が高いことを示している」と話し、ハングルに対する愛着を示していた[30]。

　開化期からハングル表記に愛着を持っていた李承晩は、就任直後の 1948 年 10 月 9 日、国会で「ハングル専用に関する法律」を制定し、法律第 6 号として公布した。

　　大韓民国の公文書はハングルで書く。但し、当面、必要な場合は漢字を併用することができる[31]。

61

上記は、短文のハングル専用に関する法律ではあるが、ハングル専用は公文書に限るものである。これについてパク・チョンソ（1998）は、法律の目的、用語の定義、違反に対する罰則条項が示されていないと述べ、さらに施行を裏付ける施行令もないと述べた[32]。これまでに漢字混用を使用した韓国であったが、この法律の制定以降、社会や学校教育においてハングル専用の範囲を徐々に広げるようになった。

　ハングル専用は米軍政庁期にも推進していた。1945年12月8日に「漢字廃止可否に関すること[33]」の規則を制定し、翌年の1946年3月7日には教育審議会が漸進的な漢字廃止案を学務局に送るなど、漢字廃止の動きがあった。これらの動きにはハングル学者の崔鉉培が米軍政庁の編修局長として勤めており、漢字廃止を推進する全てのことに関与していた。崔鉉培は李承晩政権の1951年に再び文教部の編修局長として1954年まで勤めたのである。ハングルに愛着を持っていた「李承晩大統領」とハングル学者である「崔鉉培」の互いの目的が一致して得られた成果が即ち「ハングル専用に関する法律」であろう[34]。

第1項　社会教育

　大韓民国政府の樹立以降、李承晩政権は教育において1949年に教育法を制定・公布し、1950年6月には初等義務教育を実施した。また、国民の啓蒙のため「識字教育」にも力を尽くしたが、朝鮮戦争により識字率に対してこれといった成果を出すことができなかった。ハングル専用に関する法律を定め、漢字廃止を図っていたが、識字率を上げるところまでは至らなかったのである[35]。

　李承晩政権は識字教育を重要国策として定め、推進した。「国家と民族の健全で正しい民主発展と大衆文化の向上は、唯一国民全体の教育水準を向上させることによって成し遂げることができる。そうするためには数多い非識字国民を無くし、一般国民の基礎教育を全うすることにある[36]」と「第2次全国非識字退治教育実施の趣旨と目的」で示した通り、国民に韓国語の教育を行うことであった。休戦協定以降、韓国政府は「義務教育6カ年計画」（1954-1959）と「非識字退治（識字運動）5カ年計画」（1954-1958）を立てた。1954年文教部は完全

図 3　第 2 次全国の識字教育推進の系統図

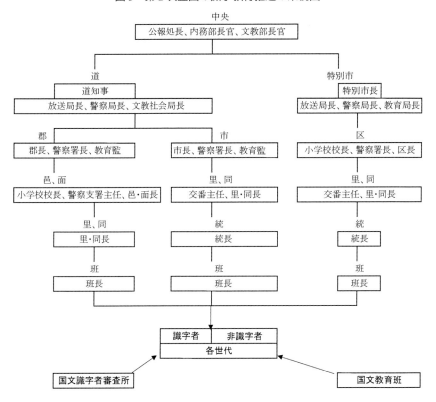

出所：文教部他「国務会議附議事項（第 2 次全国識字教育実施計画案）」総務処議政局議事課、
　　　1954 年、p.28。

非識字退治計画案を提出し、同年 2 月 16 日に国務会議で議決した。この計画に
より、識字事業が 1954 年から 1958 年まで 5 年間にわたって実施され、小学校 6
年までの教育課程において義務教育が行われ、義務教育の非該当者（12 歳以上）
の全ての非識字の男女が非識字者教育の対象であった。指導体系と担当機関に
おいては〈図 3〉を見ておきたい[37]。

　中央では非識字退治（識字運動）5 カ年計画の推進のため、文教部を中心に内
務部と国防部が協力していた。内務部や国防部に関しては、それぞれの部署に
積極的に協力するよう指示していた。中央からの命令は地方自治団体の一つで

ある特別市と道に分かれ、それぞれの特別市長または道知事が管内においての識字教育の計画、推進を統括することになる。文教社会局長または教育局長は、特別市長または道知事の指令に従ってこの計画を推進し主管する。放送局長は、識字教育の計画と実施に対する趣旨や宣伝など、社会全体が教育に対して意識を高めるように積極的に協力する。警察局長はこの計画の推進、特に就学指導と督励及び取り締まりを積極的に行うよう警察署長に指令する。内務局長は市長や郡長、区長にこの計画の推進と指導に積極的に協力するよう要請する。郡（道の下の行政区域の一つ）では教育庁の代表者である教育監が管内における識字教育の計画、推進を主管する。さらに郡長は邑（現在の村ないしは里）・面長にこの計画の実施において徹底的に行うように指示する。警察署長は警察支署の主任（交番主任を含む）に対し、この計画に伴って教育宣伝や就学督励を徹底的に行うように指示し、中央からの識字教育指令が全国に広がるようにしたのである[38]。

　識字教育における協力機関として、区域内の各学校の教員と学生全員や社会団体、大韓成人教育会、国民会、大韓婦人会、大韓女子青年団、その他の社会団体、教育委員、農村指導要員などが存在していた[39]。識字教育の教師においては小学校長が小学校、公民学校、高等公民学校の教員全員とその他の各学校の教員と学生、公務員及び一般人の中で教授能力と人格を考慮し、最も相応しい者を選定し、教育監または区長の名義で正式に任命、委託した[40]。識字者の基準は小学校2年修了程度の国文を完全に修得した者とした。実力が疑われる者に対してはこの基準に基づき、即席で簡易問題を出題し検定した。出題問題は予め用意したものを提示して読ませるようにした。非識字者の基準については、識字者調査において識字者と判定された者以外の全員を非識字者としてみなしていた[41]。

　識字教育の教材は『国文読本（国文教育班用）』（1954）、『成人読本（成人教育班用）』（1955）、『セサリム（新生活）の絵読本、成人教育用の補充教材』（1956）などが文教部で発行され無料で配布された。一方、軍隊内でも識字教育が行われ、『成人教育用公民読本1（軍用）』（1954）、『成人教育用公民読本2（軍用）』（1954）、『ハングル読本』（海兵隊司令部、1953）などの教材が使われ

た [42]。

　これらの事業実施の結果、1958 年の識字率は 95.9 ％に激増した [43]。また、1954 年から 1958 年までの短時間にわたって識字率を引き上げることができ、識字事業の成果の面を見ると高く評価することができる。

　しかし、1954 年の事業の過程を覗いて見ると、民議員総選挙が近づいてきたという事情により、選挙のために識字教育を 3 月 18 日から 40 日間という短期間に行っていた。教育時間は、満 17 歳以上の非識字国民 269 万 2000 人 [44] を対象に、150 時間が所定められていた。国家記録院が発表した「識字事業 1954 年」では、毎年、農閑期を利用して 70-90 日間の教育をしたとされているが、実際には農閑期を利用したのではなく、農事準備に忙しくなる 3 月を選んで識字事業を始めたわけだ。さらに教師は小学校、公民学校、高等公民学校の教員や公務員などハングル教育をすることが出来る人がいたにも拘わらず、小学校の教員だけ動員したため、小学生らの勉強に支障を与えた [45]。国民基礎教育を実施した結果、半数以上の 197 万 2115 人が識字者となったとはいえ、この事業が国民に無理をさせながら実施されたため、必ずしも良い成果を得られたとは言えない。

　解放後、韓国では国家問題として低識字率が挙げられ、政府は識字事業を行ったが、言語表記において習得が早いとされるハングル教育のみの事業であった。

第 2 項　学校教育

　日本植民地期を終えた韓国では米軍政庁期からハングル専用の道を歩んできた。1945 年 9 月に「教訓用語は朝鮮語にする」という軍政法令を第 6 条として制定した [46]。1945 年 11 月に教育審議会が組織され、教科書分科委員会が設置された。教科書分科委員会が小・中等学校の教科書範疇及び使用方針を定めていた。その内容の一部を見ると次の通りである [47]。

　一、教科書のハングル専用原則
　　各学校のすべての教科書はハングル専用にし、横書きにする。
　二、漢字廃止に関する事

①初等・中等教育では原則にハングル表記にし、漢字は使用しない。

②一般教科書は一時的措置として必要であると判断された場合、漢字を併記してもよい。

③但し、中学校では現代中国語科目または古典式漢文科目を入れて中国との文化的、経済的、政治的な交流において活用し、また東洋古典に触れる道を開かせることにする。

④漢字を使わないという実践を順調に進めるため、役所の文書と地名、人名は必ずハングル表記をすること（特に、必要であると判断した場合、漢字を用いてもよい。）

（以下省略）

　上記のように教科書使用方針を決め、同年12月には軍政庁学務局がハングル専用を原則とした上で、漢字併記を許容したわけである。米軍政庁期に決めた「教科書使用方針」の影響によるものなのか、李承晩政権は1948年10月には法律第6号として「ハングル専用に関する法律」を制定、公布した。そして同年11月8日には小学校で簡易漢字を教え、社会における一般新聞では漢字表記を制限して使用することを国会で決定した[48]。李承晩政権は漢字表記を廃止することを目標としていたが、教育現場では簡易漢字を表記する指導が行われた。社会では漢字表記の使用を制限したとはいえ、漢字混用表記のまま使用し続けていたというのが現状であった。結果として漢字表記を廃止しようとする目標にズレが生じてしまった。

図4　李承晩政権期の学校教育での言語表記（国語教科書）

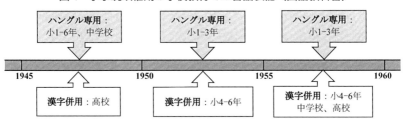

出所：チョン・ドンファン「文字生活とハングル」『新国語生活』第6巻第2号、国立国語研究院、1996年、p.89をもとに作成。

　教科書の漢字廃止に関しても具体的な指導内容は提示されないまま、原則だけのハングル専用になっていたのである。〈図4〉は1945年から1960年における国語教科書の言語表記の変遷を示したものである。

　上記にも述べたが、米軍政庁期に出された教科書使用方針はハングル専用が原則である。しかし、〈図4〉の通り、国語教科書をハングル専用にしたのは小学校の1-3年だけであり、小学校4-6年は漢字併用表記になっていることが分かる。

　ハングル専用を推進する政策と社会における漢字混用の存続の影響によるものなのか、李承晩政権が採った政策は漢字表記の制限であった。文教部は1951年9月に教育用漢字1000字を指定した[49]。おそらく漢字混用表記の常用者である国民に漢字の制限を実行すれば、漢字の使用頻度が減少され、漢字表記の廃止が可能であると考えたのであろう。

「教育用漢字」の制定は、国語科目に漢字教育を導入することにより漢字の習得が可能になり、さらには社会で使用する漢字混用表記に適応させる目的を併せ持つ。こうして1957年11月には教育用漢字が1300字になった。これは1951年の教育用漢字1000字が補完されたものである。同年12月にハングル専用の積極推進に関する計画書が発表されたことから1951年の教育用漢字1000字だけでは不足であると判断し、教育用漢字300字を追加したと考えられる。教育用漢字の導入の目的は、実際はハングル専用政策への実行であったかも知れない。

　しかし、ハングル専用の基本方針にもかかわらず、教科書に教育用漢字を導入することは、これまで李承晩政権が一貫して推進した言語政策の中で欠点となった。ハングル専用に導くためには、ハングル簡素化波動の件のように無理にでも小学校で漢字は一切使用せず、漢字語においてもハングル表記にすべきであった。李承晩政権の義務教育は小学校のみであったため、当時、多くの国民は貧困層で義務教育の小学校を卒業すると、生計のために当然働かなければならなかったからである。その安易な考えにより李承晩政権はハングル専用に関する法律は制定したものの、結局、漢字併用表記が存続するようになった。

第3節　ハングル学会の言語政策への関与

「ハングル学会」は 1908 年に朝鮮語と朝鮮語の言語表記を研究するため、学者らが集まり「国語研究学会」の名で設立された。その後、「朝鮮語学会」として活動し、日本植民地時代では朝鮮語学会事件を通じて独立運動家としての役割も加わり、朝鮮半島において地位を高めるようになった（第 1 章第 3 節参考）。また、朝鮮語辞典編纂、綴字法及び標準語規範化に寄与 [50]、1945 年には小・中等教科書を編纂するなど韓国の言語政策に貢献し、非常に影響力を持った団体であった。

　そのような背景を持ったハングル学会は、1947 年 10 月、『朝鮮語の大辞典』の第 1 巻を発行した。1948 年 7 月 18 日、朝鮮語学会の理事会ではハングルを「国字」に決め、一般公文書をハングルにすることを法律で定めるように崔鉉培の提案に満場一致で可決し、7 月 24 日に「ハングル専用法の制定を促す声明」を発表、国会の文教・厚生委員会に「ハングル専用法制定の建議文」を提出すると、同年、国会の 78 回会議に上程され、在席 131 人のうち 86 対 22 で可決された [51]。「ハングル専用法制定の建議文」が国会に通ることによって「ハングル専用に関する法律」が法律第 6 号で定められた。この法律は、後にハングル専用の賛否両論が対立する元にもなったのである。

　1948 年 10 月には「改正したハングル綴字法統一案」のハングル版を発行した。1949 年には「朝鮮語学会」を「ハングル学会」に改名したハングル学会に米軍政庁期の 1945 年 9 月から 1948 年 9 月まで文教部（今の教育部）の編修局長として務めた崔鉉培が 1949 年ハングル学会の理事長に就任することになる。その後、1951 年 1 月から 1954 年 1 月まで再度、文教部の編修局長に再任し、一層言語政策において力の強い団体として位置づけられるようになったのである。「文教部の編修局長」に務めた崔鉉培は、1949 年ハングル学会の理事長に就任して、おおよそ 20 年間ハングル学会を導いた。そのためハングル学会での彼の存在は大きく、李承晩大統領もハングル専用に賛成していたため、崔鉉培が文教部の編修局長を務めた際も言語政策においてハングル専用への偏った政策を試みた可能性は高い。

　1949 年には、ハングル専用法を全国民の共同体が生活化する目的でハングル学会を中心とした「ハングル専用促進会」が作られた。この促進会の委員長はハングル学会の崔鉉培が務め、朝鮮戦争が休戦するまでハングル専用促進活動を行った。

　1949 年 10 月からは 1955 年 9 月まで約 6 年間、ハングル学会のハングル専用に関する活動に異変があった。李承晩政権と同様にハングル専用の活動を行ったはずのものが、急遽、李承晩大統領が「ハングル綴字法の簡素化」について取り上げたことによって言語政策への関与にも支障が生じた。ハングル学会は綴字法において形態主義表記法（原形の通りに表記）を採択し国民に教育させたが、李承晩は音素主義表記法（字の発音通りの表記）の必要性を明らかにしたのである。

　ハングル学会は「ハングル簡素化法案」に対する反対声明を 1955 年 9 月まで同様に提出した。第 1 回目は 1950 年 6 月に提出し、1953 年 4 月には国務総理訓令第 8 号で「ハングル簡素化法案」が公布されると、同年 5 月にハングル学会などがハングルの簡素化法案に対する反対声明を出した。1954 年 7 月には、李承晩政権の「ハングル簡素化法案」推進に対して反論する声明も出している。この反対する声明も 1955 年 9 月、李承晩大統領が「ハングル綴字法簡素化」法案を撤回することによって漸く終えた。

　李承晩政権とはハングル専用への異なる意見で約 6 年間対立していたが、それ以降大統領が「ハングル専用を強調する談話」をすることによって、李承晩政権の「ハングル専用」への意思を再度確認することができた。ハングル学会は 1956 年 10 月に大統領に感謝状を贈り、「ハングル専用に関する声明」を発表した。1958 年 2 月には「改正したハングル綴字法統一案」の用語改訂版を発行し、ハングル専用への活動が引き続き行われた。

第 4 節　韓国社会の現実

　李承晩政権期は米軍政庁期から引き続いてハングル専用を中心に言語政策が行われた。本節では、国語の問題として挙げられた識字教育、ハングル簡素化

波動時期、ハングル専用の3つの面に分けて韓国社会の現実について述べることにする。

　まず、識字教育の面において日本植民地期には日本語普及の政策を取っていたが、植民地期の後半になると朝鮮語は使用を禁止され、非識字率は増加する一方であった。そのため、李承晩政権期では識字教育を重要国策として推進した。本章の第2節第1項で述べたとおり、これらの事業実施の結果、1958年の識字率は95.9%に激増した[52]。また、1954年から1958年までの短期間にわたって識字率を引き上げることができ、識字事業の成果の面を見ると高く評価することができる。

　2つ目に、ハングル簡素化波動時期である。この時期、韓国社会では賛否両論が続いていたが、1955年9月に大統領自らの談話によってハングル簡素化法案が撤回された。

　　（省略）私が海外にいる間、文化上重大な変更が一つある。国文書き方を全て直して、分かりやすいものを分かりにくく作り、簡単なものを複雑なものと作り上げた。これは漢文を尊んだ時に何でも難しく作り上げようとする学者たちの古い考えを捨てず、国文を使うことも難しくした。これを直すため、私は何度も談話を発表した。しかし、今にして思えば、国文を難しく、複雑に使っているのはもはや習慣になって直しにくくなっているようだ。また、多くの人がこれをそのまま使っているのを見ると、何か良い点もあるだろうし、今のように忙しい時期にこの件を持ってこれ以上問題視せず、民衆が望んでいる通り自由にしてあげよう[53]。

　ここで注目すべきことは1949年10月9日、文字の発音のまま書かず、原形の通りに書いた当時のハングル綴字法が国民の常用にあたって不便で困難であると指摘した談話文を発表したということだ。

　ところが、社会では表記法の正当性は表記法の便利さより重要な問題として捉えられていた。ハングル学会が編纂した綴字法は社会に広がり、ハングル学

会が開いた講習会の修了生である国語教師もその綴字法をもって学習し、それ
を生徒である国民に指導した。このような社会的状況は多くの知識人の支持を
得た[54]。社会に広がっている現綴字法をハングル簡素化に簡単に替えることは
当然、支持を得ることが困難であった。

　3 つ目に、ハングル専用の面である。李承晩政権は、ハングル専用政策を図っ
てきた。1948 年に制定した「ハングル専用に関する法律」は公文書に限った法
律である。しかし、「但し」という条件付きがあったため、漢字使用に関しては
緩められ、社会全体に普及させることは出来なかった。1957 年 10 月 9 日『京郷
新聞』は、「ハングル専用に関する法律が公布されて満 9 年が過ぎた今日にも『当
分の間』という言葉が言い訳になり、文教部や陸海空軍などを除き、様々な役所
で日本の匂いを漂わせる奇怪な語句や文体を未だに使っているのだ」と指摘し
ている。ここで記されている「日本の匂いを漂わせる奇怪な語句や文体」とは漢
字を指している。役所もいくら法律で制定されたとしても、これまで使用して
いた漢字混用の公文書を早速ハングル専用に替えることはそう簡単なものでは
なかったのである[55]。

　李承晩政権は 1957 年 12 月に文教部を通して「ハングル専用の積極推進に関
する計画書」を出した。

（一．二は省略）
　三．中央行政官庁の措置事項
　（1）中央行政の各官庁の長はハングル専用を徹底的に準じて行うことは
　　　　もちろん、各所管機関においても以下のような事項を準じて行うよ
　　　　うに措置する。
　　（ア）すべての公文書はハングルで書く。
　　（イ）役所と関連機関および団体の看板と各種標識物もハングルで書
　　　　く。
　　（ウ）啓示、告示、広告文はハングルで書く。
　　（エ）各種刊行物はハングルで書くことを積極的に奨励する。
　（2）広報室長は 1958 年 1 月 1 日から刊行される定期刊行物のハングル専

用を積極的に推進する。

（3）文教部長官は 1958 年 1 月 1 日から刊行される図書においてもハング
ルの使用を積極的に推進する。

（4）固有名詞と学術用語として混乱しやすいなど、やむを得ない用語の
み、当分漢字を括弧の中に表記してもよい[56]。

　上記は 1948 年制定された「ハングル専用に関する法律[57]」の内容に具体性が
ないことから修正、補完するために作られた計画書であり、年明けの 1958 年 1
月に早速施行された「ハングル専用実践要綱」である。
　上記の通り、ハングル表記の領域が看板と各種標識物を始め、各種刊行物に
まで広がり、国家政策として積極的に奨励されていた。さらに、図書において
もハングルの使用を積極的に推進し、本来公文書に限られたものを公文書以外
の分野まで拡大し、日常生活においてもハングル専用を広めようとした[58]。
　三（1）の（ア）を見ると、「すべての公文書はハングルで書く」と記している。
国家的な公文書においてより積極的にハングルを推進するようにとの案を出し
たため、せめて政府や行政機関は命じられた通りに従わなければならないのは
当然であろう。しかし、本章の第 2 節第 1 項の「社会教育」で述べた「識字事業」
を行う年の前年度である 1953 年の「非識字国民完全退治計画[59]」の原本資料か
ら確認したように、その通りにはならなかった。文教部は李承晩の命令の通り、
「非識字国民完全退治計画」を出したが、その文書でさえ変わらず漢字混用で
書かれていたのである。法律には制定したものの、文教部でさえハングル専用
法律を守っていなかったのが実情であった[60]。

1）公文書は必ずハングルで書く。但し、ハングルだけでは理解しにくい
　　難しい言葉には括弧の中に漢字を書き入れる。
2）各機関の刊行物は必ずハングルで発行する。
3）各機関の看板と庁内各種標識はすべてハングルに直して付ける。特に
　　必要な場合に限って、漢字や他の外国語で書いた看板標識を一緒に付
　　けるが、必ずハングル書きより下にすること。

〈写真 1〉　1958 年の公文書での官印及び各種印

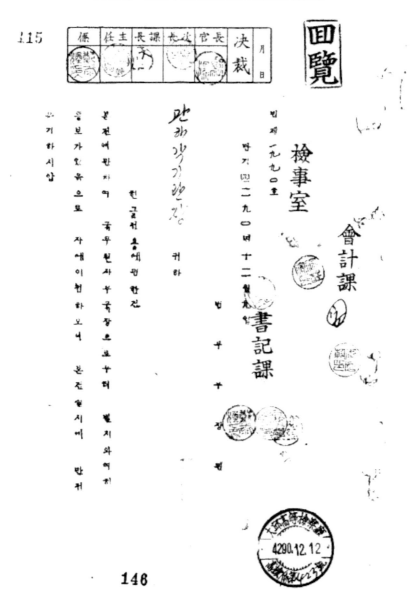

出所：大検察庁「ハングル専用に関する件」1958 年

4）事務用の各種印刷物及び謄写物もハングルにする。

5）各機関で使用する官印、その他の事務用の各種印はハングルにして、これに必要な経費は各部で負担する。官印に対する対策の詳細は別途定める。

6）各役所はその所轄監督の下にいる私人が組織した団体に対しても上記の各項目に従うよう奨励する[61]。

　上記は前述した「ハングル専用の積極推進に関する計画書」が出された後、翌年の1958年1月から施行された「ハングル専用実践要綱」である。また、「ハングル専用に関する法律」を修正、補完するために作られた計画書をもって完成させたものである。そのため、実践要綱には公文書におけるハングル専用やその他の項目が追加されている。政策は、まず国家機関が率先して実行するものであるため、(1) の項目で「すべての公文書はハングルで書く」と示した。しかし、前述した通り、国家機関である役所でさえ未だに漢字混用であったため、再び強調したのである。

〈写真1〉は1958年の実際の公文書である。ハングル専用実践要綱が出された同年でもあるが、官印及び各種印は漢字のまま使用され、前述したハングル専用の実践の通りに行われていないことを裏付けている。

　李承晩政権は「ハングル専用に関する法律」を制定してから日常生活においてもハングル専用を奨励していた。だが、実際の新聞、看板、刊行物などはハングル専用表記ではなく、漢字混用表記であった[62]。ハングル専用政策が履行されていたのは、ハングル教育のみを受けた、要するに漢字を読むことができない元非識字者共同体のみであった。実に言語政策と韓国社会が一致していないという奇妙な状況が続いたのである。そのため、「各機関の看板と庁内各種標識はすべてハングルに直して付ける」という (3) 項目に意図的にハングル表記を明記した。実際この項目により、韓国の社会で看板や標識は徹底的にハングルに替えられた[63]。おそらく新聞などと違い、看板や標識物は文字数が短く、実践要綱の通りに実践することができたのではないかと考えられる。

　ただ、新聞などのメディアや刊行物のハングル専用は替えられることができ

表 7　新聞の見出しにおける「ハングル」と「漢字」の使用割合の変化（抜粋）

区分	1948 年	1953 年	1958 年	1963 年
ハングル	13.1	18.9	27.4	29.1
漢字	86.9	81.1	72.6	70.9

出所：チョン・ジュンソプ『国語科教育課程の変遷』大韓教科書株式会社、1995 年、p.189 再引用。

ず、依然課題として残ってしまった。

　ハングル専用政策が韓国社会へ浸透することができなかった理由として、『京郷新聞[64]』によれば第一に、漢字姓名が挙げられる。多くの韓国人の姓名は漢字語であるため、ハングル表記だけでは同名者が多く、混乱しやすいからである。第二に、同音異義語が挙げられる。例えば、同じ単語として「의사（ウサ）」という語彙には、「議事」「意思」「医師」などがあり、ハングル表記だけでは分かりにくいからである。第三は、一般的な用語、学術用語で生じる混乱が挙げられる。韓国史、古文、学術用語が漢字表記のため、ハングル表記だけでは分かりにくいからである。第四に、多くの知識人が表意文字である漢字表記を理解しているため、社会においての不便を感じていなかった事が挙げられる[65]。

　表 7 はハングルと漢字の使用割合の変化について、『東亜日報』と『朝鮮日報』を対象に調査したものの中で 1948 年から 1963 年までを抜粋したものである。〈表 7〉を見ると、保守的な両新聞の見出しにおけるハングル使用は増加しつつあった。しかし、半数の 50％にも及んでいない。ハングル専用実践要綱が施行された 1958 年に漸く 25％を上回った程で、李承晩政権期には漢字の使用率が若干減少しているという現象が見られるが、漢字使用はハングルと比較できないほど圧倒的であったことが分かる。この調査は保守的な新聞でのハングル表記と漢字表記の割合を示しているものなので、漢字表記が当時の韓国社会にどれほど浸透していたのかを推測できる[66]。

第 5 節　李承晩大統領の言語表記の使用傾向

　初代大統領の李承晩は、言語政策に非常に強い関心を持っていた。李承晩は

独立協会運動が失敗した後、1899年から1904年まで監獄に投獄された時も囚人らを集めてハングルを教えていた[67]。また、ハングル専用新聞を刊行するなど率先してハングルの重要性を強弁した人物である。そのことは第2章第1節と第2章の冒頭からも知ることができる。

　このようにハングルに対する愛着を持ってハングルを教え、初代大統領になってからも「ハングル専用に関する法律」を定めるなどハングル専用政策を試みた李承晩大統領であった。しかし、李承晩大統領個人の言語表記の使用傾向は時代遅れのものであった。韓国国内で言わば「ハングル簡素化波動」と言われるハングル簡素化政策をもって、李承晩大統領の言語表記の使用傾向を確認することができる。

「ハングル簡素化波動[68]」とは、李承晩大統領が1954年7月に施工した、複雑な「ハングル綴字法統一案」を廃止し従来の簡潔な旧綴字法を導入するという政策に対し、反対世論が強く起こったため1955年9月に撤廃された出来事である。この発端は1949年10月の大統領による談話であるが、その内容は以下のように示すとおりである。

　　もう新聞界や他の文化社会で正式国文といったものを使っているのを見ると、以前作ったものを改良する代わりに、むしろ使いにくく、見るにも変なもののように作らせて退歩した言語表記が通用するようになった。以降にはその習慣がさらに固まって直しにくくなるだろう。全ての言論機関と文化界では特に注意し、迅速に改定できることを願う[69]。

　1949年には李承晩大統領の言語表記の使用傾向を談話によって知らせて、1950年には李承晩大統領個人の言語表記の使用傾向を言語政策によって替えようとする動きが現われた。

　1950年12月28日には国務総理経由で文教部長官に「ハングル綴字改定に関する件」という文書が渡された。〈写真2〉は実際に渡された文書である。「現在、各学校で使用している綴字法は変わることなく使い続けるものなので、現在の綴字法をすべて中止し、以前の綴字で簡単なパッチムを直ちに実施することを

〈写真 2〉　ハングル綴字改定に関する李承晩大統領の指令

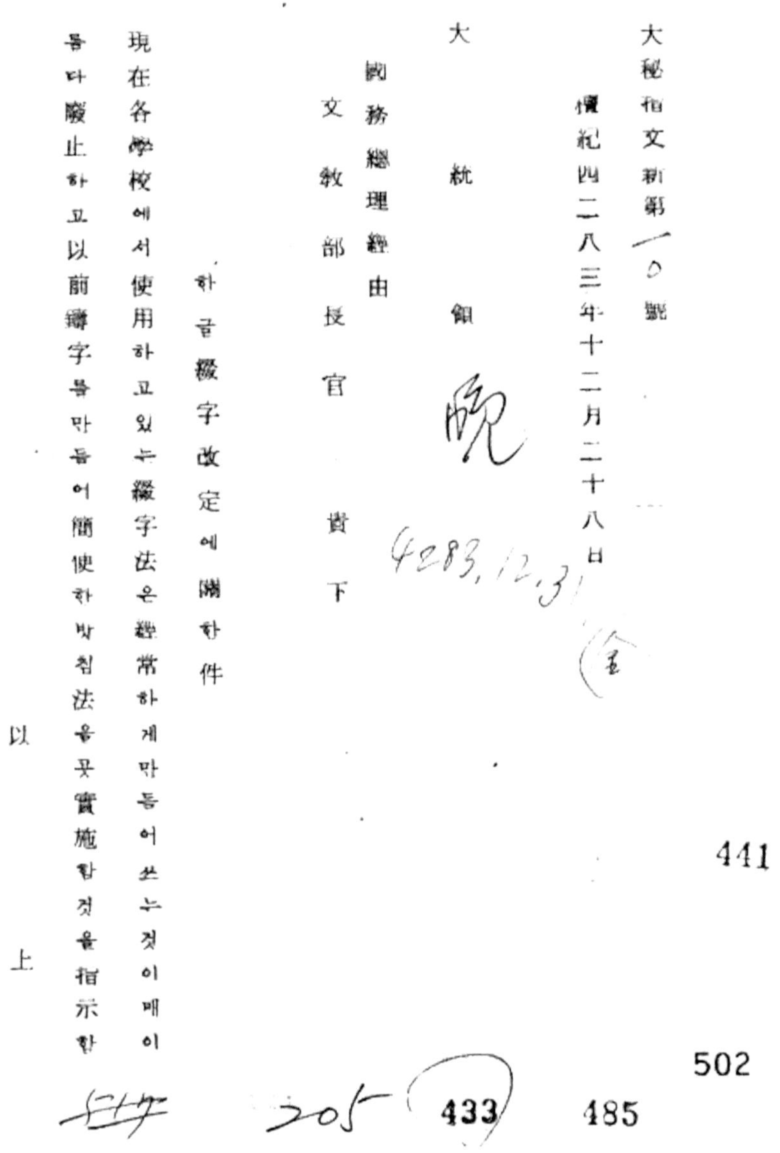

大秘指文新第一〇號

檀紀四二八三年十二月二十八日

大統領

國務總理經由
文敎部長官　貴下

하글綴字改定에關한件

現在各學校에서使用하고있는綴字法은繼常하게마들어쓰는것이매이

룸다廢止하고以前綴字룸마들어簡便하바침法으로實施할것을指示함

以上

晩

4283.12.3

金

441

502

205　433　485

出所：大統領秘書室「ハングル綴字改定に関する件」1950 年。

下命する」という内容で、李承晩大統領が直接下命した。上記の〈写真2〉を見ると、李承晩大統領は文教部長官に渡す文書でも、本人の言語表記の使用傾向である簡素化したハングル綴字で文書を書いたのが分かる。後述する部分でもあるが、この文書から簡素化について簡単に説明すると、「直ちに」というハングルは「곧」であるが、大統領は当時の綴字を使用しないで「곳」という書き方を用いたのである。ハングル簡素化方案は次の通りである。

1. パッチムは終声で発音されるものに限って使用する。したがって、従来使用していたパッチムの中でㄱ, ㄴ, ㄹ, ㅁ, ㅂ, ㅅ, ㅇ, ㄺ, ㄻ, ㄼ など10個だけを許容する。但し、パッチムで使用される時の「ㅅ」音価は「ㄷ」音価を持っているものにし、「ㄷ」はパッチムとして使わない。
2. 名詞や語幹が別の言葉と合体して、別の独立した言葉になるか、意味が変わる時は、その原詞または語源を記さない。
3. 従来認められ使用していた標準語の中で使用していないもの、または言葉が替わったものはその通りに表記する [70]。

　上記を参照にして現行綴字法が簡素化案の通りになる場合、どのような方法で替わるのか例を挙げてみる。

　現行綴字法の「있다（ある、いる）」の意味：존재하다（存在する）
　現行綴字法の「잇다（繋ぐ）」の意味：계승하다（継承する）

　現行綴字法では「있다（ある、いる）」は「존재하다（存在する）」という意味である。同音異義語の「잇다（繋ぐ）」は「계승하다（継承する）」という意味である。しかし、この「있다」と「잇다」を簡素化、すなわち発音どおりに表記すると、以下の通り、「잇다」という言葉の中に「존재하다」「계승하다」の2つの意味が含まれることになる。

　簡素化した場合の「잇다」の意味：①존재하다　②계승하다

この通り、簡素化されると書きやすくなるが、どの意味で使用しているのか理解しにくくなる。では、同音異義語で書かれた文章の例を1つ挙げてみよう。

'곧' 도착할 '곳' 이 동해에서 가장 아름다운 '꽃' 입니다.

「もうすぐ」着く「所」が東海で一番美しい「コッ」です。

表8　簡素化の採択及び廃止の例間の比較

区分	採択	廃止
名詞	長 기리 (キリ)	길이 (キリ)
	高 노피 (ノピ)	높이 (ノピ)
修飾語	同 가치 (カチ)	같이 (カチ)
	個個 낫나치 (ナッナチ)	낱낱이 (ナッナチ)
用言	倒 너머지다 (ノモジダ)	넘어지다 (ノモジダ)
	覆 어퍼지다 (オポジダ)	엎어지다 (オポジダ)

＊筆者作成

現行綴字法では곧（もうすぐ）、곳（所）、꽃（コッ：場所の名前）というそれぞれの言葉に意味がある。しかし、簡素化すると、パッチムが全部「ㅅ」になってしまうので、以下のように表記が統一されることになる。

'곳' 도착할 '곳' 이 동해에서 가장 아름다운 '곳' 입니다.

そのため、上記の簡素化案の文章を見るだけではそれぞれの「곳」という言葉が何を意味するのか分かりにくくなるのである。李承晩大統領が文教部長官に命じた文書の中で実際使われたのもこれに当たる（写真2参照）。
〈表8〉は、従来のハングル綴字法を廃止し、言葉を発音のまま書くことを採択するという案である。名詞の「길이（長さ）」の場合は「기리」に、修飾語の「같이（同様に）」は、「가치」に替えて使わなければならない。用言の場合も同様に「넘어지다（倒れる）」は「너머지다」に替えて使わなければならないのである。既存の綴字法を習得し使いこなしている識字者にとって、これまでの綴字法を捨てる推進案には相当反発があったと推測される。
　李承晩大統領個人の使用傾向に沿ったハングル綴字を言語政策に取り入れようと、文教部長官さえ代えたが、1954年7月3日に「表記法簡素化共同案」を正

式に発表すると、韓国国内はこれに関して1年半にわたって賛否を巻き起こし、結局、1955年9月19日に李承晩大統領自らの談話によって撤回するようになった[71]。

小括

以上、初代大統領である李承晩政権が日本植民地時代に朝鮮語を禁止したことによって非識字国民が増加した中、言語共同体形成のためにどのような言語政策を行ったのかについて述べた。

李承晩政権期では、次の3つのことが明らかになった。第一に、韓国国民の共同体において識字率を上げるための教育を行わなければならなかった李承晩大統領が、その過程でハングル共同体を生み出したことだ。解放直前の朝鮮人の識字率22.2%はそのまま解放直後の韓国人の識字率となっていた。解放直後の米軍政庁期の識字教育を含め、李承晩政権においては識字運動展開を通して識字率を約58.7%まで上げた。解放直後の識字教育は「韓国語教育」と言うもののあくまでもハングル教育に焦点を合わせたものであった。これらの状況は政府樹立後にも引き継がれ、ハングル教育に焦点を合わせた政策がとられた。つまり、韓国語教育と言いつつも漢字教育を排除したハングル教育に偏った政策であった。朝鮮戦争後、更なる非識字の状態に陥ってしまい、引き続き識字事業を実施したわけであるが、これに関しても言語表記の習得が早いと言われているハングル教育のみの識字事業であった。非識字国民向けの識字教育においても依然として漢字教育の余地はなく、ハングル共同体が生み出された。

第二に、ハングル簡素化問題でのハングル学会との言語政策の不一致である。ハングル簡素化問題は1949年から1955年まで、李承晩大統領個人の言語表記の使用傾向で言語政策を行おうとした出来事だ。李承晩政権期においても植民地時代から言語政策に参加してきたハングル学会が中心となりハングル共同体形成のため活動し続けた。非識字国民の韓国語教育とハングル専用に関する法律の制定過程でハングル学会の申し入れがあった。本章の第5節で述べた通り、李承晩もハングルに愛着を持っていた大統領であったため、言語政策において

も無難にハングル専用政策が進んでいくはずであった。しかし、「ハングル専用に関する法律」が制定された翌年の 1949 年に突然、李承晩大統領がハングル簡素化の話題を取り上げたことによって漢字、ハングルの論争ではなく、ハングルの中での論争になってしまった。ハングル学会が作った「現ハングル綴字法」と李承晩が施行しようとする「旧ハングル綴字法」との論争によって、この時期のハングル共同体にはこれといった進展がなかった。1955 年に李承晩が個人の言語表記の使用傾向である旧ハングル綴字法の施行を撤回し、翌年の 1956 年に言語政策をハングル専用にすることを改めて発表することによって、漸く現ハングル綴字法に統一されたハングル共同体になることができた。

　第三に、漢字共同体が形成され、学校教育と社会の両方で漢字共同体が維持された。ハングル簡素化の問題が起きている間、ハングル共同体内での対立となっていたため、漢字混用側としては大きなチャンスとなった。政府が樹立された時は「ハングル専用に関する法律」が制定された。多少危機感はあったものの、その後の韓国国内での言語政策の話題はハングル簡素化であり、論争が続いていた 1951 年に小学校で常用漢字 1000 字が制定された。さらに 1957 年には 300 字が追加され、おおよそ漢字 1300 字教育が小学校に指定された。ここで注目すべき点は、1951 年はもちろん、1957 年に補完された漢字 1300 字が教科書に導入された際も、ハングル専用側から反対声明などは出されていなかったことだ。大統領個人の言語表記の使用傾向から取り上げたハングル簡素化が如何に大きい問題であったかが示唆される。李承晩政権は 1957 年の漢字に対してハングル専用政策のための一時的な漢字であるとしていたが、いずれにしても、学校教育では異変なく「漢字共同体」が自然に維持されたということになる。一方、社会においてもようやくハングル専用に移行されたが、国家機関ではハングル専用が行われていない状況であり、依然として非識字共同体以外の識字共同体は漢字共同体に結束していた。

　以上により李承晩政権期の前半は、ハングル共同体が「旧綴字法共同体」や「現綴字法共同体」に尚いっそう分離され、後半になって「現綴字法共同体のハングル共同体」「漢字混用共同体」に整備された。これらにより、李承晩政権期の言語共同体は「第二混乱期〜整備期」であると特徴づけられる。

〈注〉

1) イ・ヒャンギュ「北韓社会主義の普通教育の形成：1945-1950」ソウル大学大学院博士論文、2000 年、pp.64-65 参照。

2) 北朝鮮の科学院所属チョン・ジドンによると、北朝鮮では 1953 年の以前からすでに漢字教育が行われていたと述べており、漢字教育の実施年の認識について相違がある〔金敏洙（1999：95）〕。

3) 金敏洙「北朝鮮の言語政策」『亜細亜研究（第 48 号）』亜細亜問題研究所、1972 年、p.18 参照。

4) 21 世紀政治学大辞典「李承晩」参照。

5) パク・チャンスン「20 世紀韓国国家主義の起源」『韓国史研究』韓国史研究会、2002 年、pp.237-238 参照。

6) 李善英（2017）、前掲論文、p.120。

7) 1946 年 6 月 3 日に「ソウル新聞」1 面の記事を通して、韓国の単独政府の樹立を主張した。それ以来、李承晩政権期においては反共主義が強調されてきたのである。「ソウル新聞」1 面の記事に関しては「『政府樹立 60 週年』2 部－国家アイデンティティを聞く：(2) 李明博政府の国家アイデンティティと建国神話創り」『京郷新聞』（2008.8.18 日付）（http://news.khan.co.kr/kh_news/khan_art_view.html?artid=200808181834035&code=210000 検索日：2017.3.30）を参照。

8) ソ・ジュンソク（2007:277）によると、李承晩は国際的に世界で一番危険な反共主義者として浮上し、韓国国内では世界的に偉大な反共指導者として宣伝されたとされている。

9) 李善英（2017）、前掲論文、p.120。

10) 李善英（2012）、前掲論文、p.157。

11) 李善英（2017）、前掲論文、p.121。

12) 国勢調査は 10 年ごとに大規模調査を行い、5 年ごとに簡易調査を行うが、朝鮮での最初の国勢調査は 1925 年の第 2 回国勢調査（簡易調査）であった。大規模で行った初の国勢調査は 1930 年の第 3 回である。

13) この調査に基づいて解放直後の韓国人の非識字率は 77.8％であると認識されるようになったのである。

14）山田寛人（2010）、p.241 参照。

15）李善英（2017）、前掲論文、p.121。

16）韓国の初等教育の義務教育化は米軍政庁の下で構想されて、それが具体化されたのが
　　1948 年「憲法」に「全ての国民は均等に教育を受ける権利がある」と明らかにし、「少な
　　くとも初等教育は義務で、無償に行う」と規定した。1950 年 6 月 1 日には義務教育を実
　　施した（https://www.archives.go.kr/next/search/listSubjectDescription.do?id=003153　検索
　　日 :2017.8.17）。そのため、識字率調査の年齢においても 12 歳以上とし、義務教育を受
　　けている年齢は除外して調査したと思われる。また、板垣竜太は「小学校以上の学歴を
　　持つことが識字者であることの一指標である」と述べ、このことからもやはり小学校卒
　　業者の年齢に合わせて識字率を行ったと考えられる。

17）国家記録院「ハングルが歩んできた道」の「識字事業 1954 年」参照　（http://theme.
　　archives.go.kr/next/hangeulPolicy/business.do　検索日 :2017.4.1）。

18）第 2 章以降は、解放後の韓国の状況を述べているため、「朝鮮語」ではなく、「韓国語」
　　と表記する。

19）後に「ハングル学会」と名称が変わる。

20）キム・ヨンファン「米軍政と李承晩政府の言葉政策－ハングル専用政策を中心に－」
　　『ナラサラン第 115 集』ウェソル会、2009 年、pp.22-23 参照。

21）同上、p.23 参照、李善英（2017:122）。

22）同上。

23）李善英（2017）、前掲論文、p.122。

24）国家記録院「ハングルが歩んできた道」の「識字事業 1954 年」参照。
　　（http://theme.archives.go.kr/next/hangeulPolicy/business.do　検索日 :2017.4.1）

25）李善英（2017）、前掲論文、p.122。

26）協成会は 1896 年 11 月 30 日徐載弼（ソ・ジェピル）の指導で培材学堂学生たちが中心
　　になって組織された学生団体である。当時は徐載弼によって組織された独立協会を中
　　心に多くの愛国団体らが自主国権守護、自由民権伸張、自強改革思想を唱えながら民族、
　　民主主義に基づいた近代自強国家建設を要望していた時期であった。その中で協成会
　　は独立協会の姉妹団体として独立協会と共に民衆啓蒙、自主独立、近代化思想の鼓吹に
　　大きな役割を果たしていた。後には機関紙である「協成会会報」と最初の日刊紙である

「毎日新聞」を刊行しながら民衆の中で共に成長した社会団体になった。金東冕「協成会の思想的研究」『史学志』15 巻、壇国史学会、1981 年、p.67 参照。

27）キム・インソン（2000）、p.4 参照。

28）金昌辰「政治的に展開されてきたハングル専用運動」『国際語文学会学術大会資料集』国際語文学会、2009 年、p.68 参照。

29）チョン・ジェファン「なぜ李承晩大統領はハングル簡素化波動を起こしたのか」『明日を開く歴史』第 32 号、ソヘ文集、2008 年、p.112 再引用。

30）ニューヨークタイムズの内容に関しては同上、p.112 再引用。

31）これが全文である。

32）パク・チョンソ「『公文書のハングル専用に関する法』小考」『語文研究 26（3）』韓国語文教育研究会、1998 年、p.216 参照。

33）①初等、中等教育においては原則としてハングルで書き、漢字は書かないことにする。②一般教科書には一時的措置で必要であると判断される場合、漢字を併記してもよい。③中学校には現代中国語科目または古典式漢文科目を置いて中国との文化的、経済的、政治的交渉に役立たせ、または東洋古典に近づける道を開かせる。但し、漢字に関して原文に混ぜ、書いてもよい。④「漢字を使わないことの実行」を順調に進めるためには役所の文書と地名・人名は必ずハングルで書くこと（特に必要であると判断される場合、漢字を使ってもよい）を当局と緊密に連絡を取ることにする。⑤上記の第 4 条と同じ意味で社会一般、特に報道機関文筆家の学者らの協力を求めなければならない。

34）李善英（2017）、前掲論文、pp.123-124。

35）同上、p.125。

36）文教部他「国務会議附議事項（第 2 次全国識字教育実施計画案）」総務処議政局議事課、1954 年、p.2。

37）李善英（2017）、前掲論文、p.125。

38）文教部他（1954）、前掲書、pp.7-9。

39）同上、p.10。

40）同上、pp.16-17。

41）旅行や事故により調査することが出来なかった者に対しては識字者であることが確認できる者のみ識字者としてみなしていた。

42）ホ・ジェヨン「近代啓蒙期以降の識字教育及び啓蒙運動の流れ」『国語教育研究』第 13 集、ソウル大学国語教育研究所、2004 年、pp.591-594。

43）国家記録院「ハングルが歩んできた道」の「識字事業 1954 年」参照　（http://theme. archives.go.kr/next/hangeulPolicy/business.do　検索日 :2017.4.1）。

44）国務会議附議事項（第 2 次全国識字教育実施計画案）」によれば、19 歳以上の非識字国民「268 万 9694 人」となっており、多少誤差が見られる。

45）国家記録院「ハングルが歩んできた道」の「識字事業 1954 年」 （http://theme.archives.go.kr/next/hangeulPolicy/business.do　検 索 日 :2017.4.1）と『東 亜 日 報』（1955.2.26 日付）「文盲退治努力에의 反省」（検索日 : 2017.8.20）を参照。

46）チョン・ジュンソプ『国語科教育課程の変遷』大韓教科書株式会社、1995 年、p.186 参照。

47）①李敦錫「1972 年漢文教科位相変化に対する断想」『漢字漢文教育第 23 輯』、韓国漢字漢文教育学会、2009 年、p.216 参照。②李在一「韓国の文字政策と漢字教育の研究－教科書での漢字表記を中心に－」明知大学　教育大学院修士論文、1998 年、pp.17-18 参照。

48）李在一（1997）、p.18。

49）1951 年 2 月文教部は「戦時主な文教施策」の中、「学習指導要領」の「漢字指導要綱」で小学校 4-5 年において各 300 字、6 年は 400 字を配当し 1000 字制限の漢字を習得するようにした。この「漢字指導要綱」が韓国の漢字教育の始まりである。同上、p.19 参照。

50）李善英（2012）、前掲論文、pp.158-159 参照。

51）ハングル学会『ハングル学会 100 年史』ハングル学会、2009 年、pp.668-670 参照。

52）国家記録院「ハングルが歩んできた道」の「識字事業 1954 年」参照（http://theme. archives.go.kr/next/hangeulPolicy/business.do　検索日 :2017.4.1）。

53）公報処「ハングルの問題について」『大統領李承晩博士談話集』2、公報処、1956 年、演説日付 :1955.9.19。

54）チェ・ギョンボン他（2008）、p.204 参照。

55）李善英（2017）、前掲論文、p.130。

56）文教部「ハングル専用の積極推進に関する件」第 117 回、1957 年、pp.610-612 参照。

57）ハングル専用に関する法律は、「公文書」に限られている。1948 年の国会速記録は、ハングル専用法律を制定する前に制憲国会議員らが出席し、ハングル専用方案について議論されたものである。その内容として、公文書の定義や学校の教科書の問題などが

挙げられている。徐禹錫議員の「果たして教科書も公文書として扱うべきなのか」という質問に対し、權泰羲議員は「法律の文書が大韓民国の公文書であると記されているため、公文書の内容は国家が国民に実施するように下命したり、宣伝したりする案内全てのものを示すことで、教科書には及ばない」と返答した。このような議論を経て制憲国会で可決されたことだが、制定の9年後には公文書に限られていたハングル専用の範囲が思いがけず拡大してしまった。

58）李善英（2017）、前掲論文、pp.124-125。

59）文教部「国務会議附議事項（文盲国民完全退治計画）」文教部、pp.304-310 参照。

60）李善英（2017）、前掲論文、p.125。

61）「国家記録院」ホームページ（http://theme.archives.go.kr/next/hangeulPolicy/practice.do）（検索日 :2017.6.5）。

62）「ハングル」表記のみ使用という議論がまた出てきた。漢字全廃論である。政府当局は来年3月からは新聞、雑誌、定期刊行物などにも「ハングル専用」をすべきであるという立法措置の話を繰り返しているそうだ。もちろん革命政府としては文字革命のことを一度考えても良いだろう。またその理想論から見ても良いことである。しかし、これは李承晩政権期から問題視しているものだ。（以下省略）－『東亜日報』（1961.12.19 日付）参照。

63）漢字を捨てた韓国（http://www.geocities.jp/kiteretsuchop/ronbun/kanji.html　検索日 :2017.6.4）参照。

64）『京郷新聞』「ハングル専用の是非」（1962.1.8 日付、検索日 :2017.9.20）参照。

65）李善英（2017）、前掲論文、p.131。

66）同上、pp.131-132。

67）チェ・ギョンボン（2008）、p.202 参照。

68）「ハングル波動」とも言われる。

69）大統領記録研究室「ハングル使用に関して」演説日付：1949.10.12。

70）文教部「ハングル簡素化法案（原則・利益編）」第33回、総務処議政局議事課、1954年、pp.627-629。

71）国家記録院「ハングルが歩んできた道」の「ハングル簡易化方案1954年」参照（http://theme.archives.go.kr/next/hangeulPolicy/plan.do）（検索日 : 2017.4.1）

第 3 章　朴正煕政権期の言語共同体
（1961 年―1979 年）

　朴正煕政権期は、ハングル共同体を作り上げていく過程の中で、韓国で最も成果をあげた時期であった。軍人出身だけに言語政策においても強いリーダーシップをもってハングル専用政策を行った。

　実権を握るようになってから言語政策において「ハングル専用」を表明した。そして、1970 年から 1975 年まで学校教育を含め、漢字表記は一切排除し、ハングル表記のみ使用するようにした。ハングル専用を強化する前までは「漢字混用」か「漢字併用」であったため、ハングル専用を強めた時期は社会や学校教育で反発が起きた。その後、再び漢字表記が復活し、常用漢字を学校教育で制定した。つまり、ある程度漢字表記を受容することになり、これを筆者は「宥和期」と称している。

第 1 節　時代背景と政策目標

　韓国国内は朝鮮戦争により荒廃していた。経済的にはアメリカの援助に頼ってはいたものの、東アジアの中でも貧困の状況は最下位であった。政治においても李承晩政権の不正・腐敗と不正選挙に不満を抱いた国民が立ち上がり、1960 年 4 月に「4・19 革命」という民衆運動が起きた。そういった時代の 1961 年 5 月、軍人朴正煕が軍事クーデターを起こし、実権を握るようになったのである。

　上述したように、韓国国内が不安定であり、その状況の中で実権を握ったため、朴正煕は、韓国国民から政治的支持を受ける必要性と国家の基盤を安定させる必要があった。これらの社会的状況は朴正煕にとって、まさに大きなチャンスであった。経済復興という名目で国民を国家主導型へ導き、権力を振りかざすことができたのである。

　朴正煕政権は産業化や経済開発を国家の最優先目標とした。経済開発に関し

ては、李承晩政権期の 1949 年に初めて「経済開発計画」の案が出されたが、朝鮮戦争により、実施することができなかった[1]。しかし、朴正煕政権期になって実施されたのである。当時の経済は農業中心であったが、朴正煕は国内の産業振興に務め、第 1 次（1962-1966）、第 2 次（1967-1971）、第 3 次（1972-1976）、第 4 次（1977-1981）にかけて「経済開発 5 カ年計画」に取り組んだ。これまでの経済的援助の体制から経済の自立的発展を目指し、繊維、合板など軽工業中心の輸出産業や鉄鋼、化学、電力などの基幹産業の育成を推進した。これらの背景により労働力の確保のため、労働者の教育が必要とされた。

　高度成長期とも呼ばれる第 1 次から第 4 次までの経済開発 5 カ年計画により、輸出額も急激に増加した。朴正煕政権期の初年である 1961 年には 4100 万ドルであったのが、第 1 次経済開発 5 カ年計画実施の真っ只中である 1964 年には 1 億 1900 万ドルに増加した。第 2 次経済開発 5 カ年計画実施の終わりの年である 1971 年には 10 億 6800 万ドルになり、第 4 次の初年の 1977 年には 100 億 4700 万ドルまで激増したのである。そして 2 年後の 1979 年には 150 億 5600 万ドルを記録した[2]。

　総合的に見ると朴正煕政権期の 1961 年から 1979 年までの 18 年間の間に、輸出はおよそ 367 倍増加し、韓国を高度成長へ導く結果を出した。

　一方、対外関係を見ると、韓国は軍事的・政治的・経済的に殆どアメリカに依存していた。その状況の中で、朴正煕大統領はベトナム戦争へ韓国軍派兵を支援（1964 年 9 月－ 1966 年 4 月）することをアメリカに話した。また、日韓国交正常化の条約（1965 年）が締結された。

　本節の冒頭で述べたように、韓国は東アジアのどの国よりも過酷な状況におかれていた。そのため、政治・経済・社会・文化・全ての分野にかけて祖国の近代化を促進することが政策目標であった。具体的には政治における自主性と経済における自立、社会における融和安静が挙げられ、要するに一大革新運動を推進することであった。そのため、まずは国民一人ひとりにおいて精神的な革命を促した[3]。

　国民一人ひとりは自主的な主体意識を涵養し、自分の運命は自らが開拓するという自律自助の精神を固めること。韓国での民主と繁栄福祉社会を建設する

ために民族的主体性と国民の自発的で積極的な参加意識、そして強靭な努力の
精神的姿勢を正すことを求めていた[4]。

　上記の国民に求められていた意識や精神的なものは学校教育課程の理念とし
て現われた。1968 年 12 月 5 日に朴正煕大統領は「国民教育憲章[5]」を発表し、各
学校の教科書の冒頭に 20 年間、掲載した。

　　我々は民族中興の歴史的使命を帯び、この地に生まれた。先祖の光り
　輝く精神を今日に蘇らせ、内においては自主独立の姿勢を確立し、外に
　おいては人類共栄に貢献する時だ。ここに、我々の進むべき道を明らか
　にし、教育の指標とする。
　　誠実な心と健全な体をもって、学問と技術を身に修め、生まれもった
　各自の素質を啓発し、我々の現状を躍進の踏み台と見なし、創造の力と
　開拓の精神を養う。公益と秩序を優先し、能率と実質を崇め、敬愛と信
　義に基づいた相互扶助の伝統を受け継ぎ、明るくて温かい協同精神を教
　え育てる。我々の創意と協力を基に国が発展し、国の隆盛が自らの発展
　の根本であることを自覚し、自由と権利に伴う責任と義務を果たし、自
　ら国家建設に参与して奉仕する国民精神を高らかにする。
　　反共民主精神に透徹した愛国愛族が我々の生きる道であり、自由世界
　の理想を実現する基盤である。子孫に末永く伝える栄光の統一祖国の未
　来を見通し、信念と矜持を持った勤勉な国民として、民族の知恵を集め、
　たゆみなき努力で、新しい歴史を創り出そう[6]。

　上記に記された教育の指標では、①創造の力と開拓の精神（個人の倫理面）、
②協同精神（社会・道徳・倫理面）、③国民精神（国民の倫理面）の 3 つの精神
が反映されている[7]。朴正煕政権期は国民の精神的な面を最も強調した。1970
年代の小学生たちは授業を始める前に必ず「国民教育憲章」を朗読しなければな
らず、覚えられない学生がいれば宿題を出すこともあったほど、朴正煕政権期
においては個人より国家が大切であることを強調した時代であった。
　また、精神教育とともに勤勉さも重要視された。1970 年 4 月 22 日をもって

「セマウル運動」を国家政策として実施した。「セマウル」は新しい村という意味で「新しい町づくり運動」を意味する。「セマウル運動」は「自助・自立・協同」という理念のもと、「貧困からの脱出」を願っていた「国民のニーズ」と祖国の近代化を推進していた「国の意志」が結合されたことによる「豊かに生きるための運動」である[8]。朴正熙大統領自ら「セマウル歌[9]」を作詞したほど重きを置き、国民は耳にタコができるという表現が過言ではないほど、全国津々浦々で昼夜を問わず鳴り響く曲を聴かざるを得ないほどであった[10]。

第2節　朴正熙政権の言語政策

　初代大統領の李承晩が1948年10月9日に「ハングル専用に関する法律」を制定したが、その後、ハングル専用は順調に進むことができなかった。朴正熙政権期になってから「漢字一部混用期」もあったが、1970年から「完全ハングル専用」を施行することを決め、ハングル専用に向けて拍車をかけた。第1項と第2項では、「漢字一部混用期」から「ハングル専用期」を中心に取り上げる。さらに言語政策の転換とともに社会や学校教育にどのように政策が浸透していたのかを述べることにする。

　教育課程は文教部長官の命令によって改定するようになっている。第1次教育課程をはじめ、第9次教育課程[11]まで改定されてきた。本章では、朴正熙政権期の教育課程である第2次教育課程（1963-1973）、第3次教育課程（1973-1981）を中心に述べることにする。

第1項　社会教育

　国家再建最高会議議長である朴正熙は、1961年12月、「ハングル専用に関する法律」の改正を推進した。1962年2月5日、「ハングル専用特別審議会」が文教部に設置され、同年4月から1963年7月まで活動した。ハングル専用特別審議会はハングル専用を社会へ定着させるため、より具体的に構成されていた。審議会の規程（1962.4.17）第1条から3条までの内容を見ると次の通りである。

第 1 条.　ハングル専用を推進するに当たって、まず新聞・雑誌に使用される日常用語を審議するため、文教部にハングル専用特別審議会（以下、「審議会」と表記する）を置く。

第 2 条.　審議会は、(1) 一般用語分科 (2) 言語文学分科 (3) 法律制度分科 (4) 経済金融分科 (5) 芸術分科 (6) 科学技術分科の 6 つの分科で構成する。

第 3 条.　審議会は用語を審議・検討し、決定した用語を広く普及するため、随時会報を発刊し、各機関に配布、一般の質疑に応じる [12]。

　審議会はその構成内容の通り、新聞・雑誌で使われている日常用語をハングル専用に取り替えるため設置されていた。さらに、日常においての一般用語、法律、経済金融、芸術、科学技術の 6 つの分科に構成され、社会教育としてのハングル専用を具現化していることが理解できる。

　なお、ハングル専用に対する運営法案の第一項目では、

1.　資料作成：ハングル専用に向け、その準備段階として現在刊行中の新聞・雑誌をはじめ、大衆性を帯びた各種の刊行物から漢字語（日本式漢字語を含む）を選び、これを専門委員たちに純粋な韓国語又は韓国語式の用語に変えた（後略）[13]。

と述べ、国民が日常生活で触れる刊行物（新聞・雑誌など）における日本式漢字語を含め、漢字語も純粋な韓国語（固有語）へ変えるように法案を出したのである。すなわち、漢字語を排除する作業であり、固有語を復活させる作業であると言える。

　1962 年 5 月 11 日、「ハングル専用特別審議会第 3 次全体審議会の議決案」の総則では次のようにされている。

1.　我々の一般的な国民生活での表記はすべてハングル表記にする。

2.　広く使われる言葉は漢字や外来語を問わず、ハングル表記で理解で

きるものはそのまま表記し、理解しにくいものは分かりやすい言葉
に置き換える。

3. 同じ発音によって混乱の恐れがあるハングル表記は他の表記に変え
る。

4. 理解しにくい漢字や外来語を簡単な言葉に替えることにおいて、あ
まり不自然な新しい言葉を作らないことにする[14]。

　上記の通り、どの項目も政府の公文書ではなく、一般国民向けでハングル専
用に関する審議会が行われた。その結果、審議会の活動により 1963 年 7 月まで
1 万 4159 個の語彙[15] が置き換えられた。

　1965 年 11 月 28 日には総務処が「ハングル専用に関する法律改正案」を発表
したが、漢字混用側や他の世論によって実行することができなかった。しかし、
第 2 条「用語の定義」の一部を見てみると、「文書」について「公文書・本人確認
書類・新聞・雑誌・出版物、その他の言語表記で表示する全てのものをいう[16]」と
示されている。この定義は、ハングル専用に関して、公文書だけではなく、メ
ディアや出版業界で書き記す文字まで大幅に拡大し、政府が言語表記のコント
ロールを試みたことが窺える。

　1967 年 11 月 17 日には、朴正熙大統領が国務総理に「ハングル専用」に関して
次のように命じた。

1. 世宗大王によってハングルの頒布から 520 年、ハングルが世界で最
も科学的でよく作られた文字であると誇りながら、未だに韓国語を
漢字混用として表記することは、本当に恥ずかしいことであると言
わざるを得ません。

2. また、国民の教育がハングル専用の実施から 20 年、これからは既成
世代中心ではなく、新しい世代に向けてハングル専用を強力に推し
進めなければなりません。

3. 政府は段階的に計画を立ててハングル専用運動を展開し、目標年度
には完全にハングル専用が達成するように期すべきです。

例：第 1 段階　政府の公文書、政府刊行物など。
　　第 2 段階　大衆相手の一般新聞、雑誌などの刊行物。
　　第 3 段階　特殊研究誌を除く全ての刊行物。
　　　　　　　等。終わり [17]。

　上記から読み取れることは、ハングル専用を行う理由、計画などが示されていることである。特に「3」項目では、段階的にハングル専用を行うことにし、第 1 段階は、まずは政府機関でのハングル専用を率先する。第 2 段階から第 3 段階では大衆向けであり、大衆が日常において頻繁に触れる刊行物からその他の刊行物へとハングル専用を図っていた。

　1970 年から完全ハングル専用を施行することを定め、それに先立って朴正煕大統領は 1968 年 10 月 25 日に「ハングル専用促進のための 7 項目」を指示した。

1. 1970 年 1 月 1 日から行政・立法・司法のすべての文書だけでなく、本人確認書類もハングル専用にする。国内で漢字が入った書類は受け付けない。

2. 文教部の中にハングル専用の研究委員会を置き、1969 年の上半期内に分かりやすい表記方法と普及方法を研究・発展させること。

3. ハングルのタイプライター開発を急ぎ、末端機関まで普及して使うようにすること。

4. メディア、出版業界のハングル専用を積極的に推奨すること。

5. 1948 年に制定された「ハングル専用に関する法律」を改正し、1970 年 1 月 1 日から専用にし、但し書は省く。

6. 各学校の教科書から漢字をなくすこと。

7. 古典のハングル翻訳を急ぐこと [18]。

　上記から読み取れることは、「1」項目は本人確認書類を発行するに当たって漢字表記の申込書は受けないことで、国民の漢字表記使用を制限していたことである。「3」項目はハングルのタイプライターを開発することにより、ハング

ルの普及を図っていた。「4」項目ではメディア、出版業界でのハングル専用は
強制的に行わず、ただ「積極的」という用語を用いて推進した。「1」項目に比べ
るとメディアなどに対しては完全統制ではなく、宥和政策の形で推進のみ行っ
たと考えられる。「5」項目では、完全なハングル専用への移行を明確な日付で
表明した。1948 年の制定では「但し」の条件付きであり、これまで完全ハングル
専用が行われていなかった。しかし朴正熙大統領の命令で完全ハングル専用と
ともに「但し」の条件付きを省くことになったのである。

　2 カ月後の 1968 年 12 月 24 日、「ハングル専用」について国務総理訓令第 68 号
が下された。

　政府はハングル専用に関する法律を 1948 年 10 月 9 日に制定し、実践に
向けてその法律に対する公文書ならびにハングル専用に係る規定（大統
領令第 2056 号 1965 年 2 月 24 日）をハングルで表記したが、実践には至
らない。よって、次の事項に基づきハングル使用に徹底を期することとす
る。
1. ハングルの専用
　ア．公文書の作成においてすでにハングルだけで表記していたことを、
　　　さらに徹底して公文書の別紙や付録、資料などの付属書類もハン
　　　グルで表記する。
　イ．ハングル専用に関する法律の内容にかかわらず、政府が発行する
　　　全ての公文書その他の表現物（標語・ポスター、垂れ幕、アーチ及
　　　び看板、政府刊行物、新聞及び雑誌などに掲載する公告など広告
　　　文など）を全てハングルで表記する。
　　　但し、漢字でなければ意味の伝達が困難なものは、括弧内の常用
　　　漢字の範囲内で漢字を表記してもよい。1970 年 1 月 1 日から完全
　　　にハングルだけで表記する。
　ウ．法規文書も前項に従う。（政府公文書規定第 7 条第 1 項、但し書は
　　　廃止）
　　　（2-3 項目省略）

4. 本人確認書類

各行政案内室では本人確認書類を代筆・作成代行する際、ハングルで
表記する。直接作成した場合は、ハングルで表記するように指導啓発
して 1970 年 1 月 1 日から完全にハングル表記のみとする。（以下省
略）[19]

　朴正煕政権期になって、ハングル専用政策をより積極的に行っていたが、官
庁でさえハングル専用が実践されていなかったため、より具体的に指令を出し
た訓令である。また、「4」項目を見ると、「本人確認書類」を発行する際、国民に
ハングル表記の方向へと指導を行うように指令をしていた。
　なお、ハングル専用政策は、指令だけではなく、指令に従っていない各機関に
対し注意を促すことが
あった。
　〈写真 3〉は、全羅北道教
育委員会が各公立・私立
中学・高等学校などへ
送った文書である。〈写
真 3〉の内容は、未だに
「ハングル専用に関する
指令」に従っていない幾
つかの機関（全南大学、韓
国海洋大学、京畿工業高
等専門学校、公州師範大
学）の名を挙げ、文教部
長官が注意を促している
ものである。
　ここで注目すべき点は、
朴正煕大統領が、1967 年
11 月 16 日にチョン・イル

写真 3 ハングル専用に関する指令

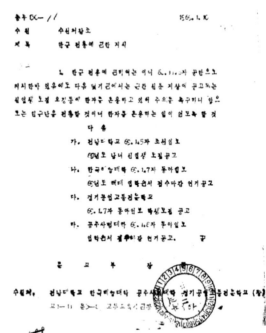

出所：全羅北道教育委員会管理局庶務課「ハングル専用（国務
　　　総理訓令第 68 号）」1969 年、p.202。

グォン国務総理に「ハングル専用推進に関する指令」で提示した項目である。その項目の3つ目が「『ハングル専用』は『運動』として展開し、法的強制措置をしない[20]」ことである。しかし、ハングル専用運動として展開すると指令したものの、実際には、ハングル専用の指令に従っていない各機関の名を具体的に取り上げ、注意を促していた。完全ハングル専用に向け、単なる命令だけではなく、漢字混用表記に対して注意を促すという、ハングル専用政策に対する信念の強さが確認できる。

さらに、〈写真3〉で取り上げられた幾つかの機関は、法的強制措置まで至らなかったと思われるが、それにしても文教部が各機関を管轄する教育委員会宛てに「ハングル専用に関する指令」の公文書を送付した以上、それに該当する各機関にも何等かの指令があった可能性がある。

第2項　学校教育

言語政策を行う際、最初に影響を受ける所は「学校教育」の現場である。韓国の教科書の種類は「国定」「検定」「認定」の3種類があり、小学校は全て「国定」を使用し、中学校・高校教育では現在、「検定」と「認定」が使用されている。朴正煕政権期の言語政策の方針はハングル専用推進であった。そのため、言語政策が変更されると直ちに学校教育に導入された。

1963年、文教部は教育課程の改編作業を全面的に行った。同年2月、小学校4年における第2次教育課程である「読み」の目標として「日常生活で使用するハングルや漢字、数字、ローマ字との区別が理解できること」と公布した。その目標に沿って、文教部は当時の「小学校の国語教育を600字、中学校で400字、高校から300字、合わせて1300字の常用漢字の教育を難易度によって段階的に実施する」と公表した。そして1965年3月から国語教科書に漢字混用が実施された[21]。次の表は、学校教育での常用漢字数を理解しやすく示したものである。

小学校では学年別に常用漢字が導入された。1年から3年まではハングル専用のみとし、4年から常用漢字200字が導入され、5年では4年の常用漢字200字に新しく200字が加わった。6年では、5年まで学習した常用漢字400字に新しく200字が加わり、小学校を卒業する頃には、おおよそ600字の学習を完了す

表 9　学校教育での常用漢字数（1965 年-1969 年)

区分	常用漢字数	常用漢字の詳細内訳
小学校	600 字	1-3 年：ハングル専用 4 年：200 字 5 年：4 年の常用漢字 200 字＋ 200 字 [1] ＝ 400 字 6 年：5 年までの常用漢字 400 字＋ 200 字 [2] ＝ 600 字
中学校	400 字	小学校の常用漢字数 600 字＋ 400 字＝ 1,000 字
高校	300 字	中学校までの常用漢字 1,000 字＋ 300 字＝ 1,300 字

出所：韓国語文教育研究会編『語文叢書 1-1 国漢混用論』図書出版ウォリン、2006 年、p.213 をも
とに作成。

[1] 文化庁の第 12 期国語審議会　第 98 回総会「韓国における国語問題等について（報告)」に
よると、5 年の場合「250 字」と述べ、50 字の差が見られる。

[2] 同上、6 年の場合「150 字」と述べ、50 字の差が見られる。

ることになる。

　また、中学校では小学校で学習した 600 字を基に 400 字が加わり、1000 字を学習することになる。高校では中学校までの常用漢字 1000 字の上に新しく 300 字が加わって、およそ 1300 字を学習することになる。

　学校教育における漢字混用は〈表 9〉の通り、1965 年から 1969 年 22) まで行われた。社会教育においては朴正熙政権期の初期から「ハングル専用に関する法律」改正の推進やハングル専用特別審議会を設けるなど、ハングル専用に関する様々な政策を行っていたが、この時期の学校教育においては文教部からの政策的な指令がなかったため、漢字混用表記が実施された。

　学校教育で漢字混用が開始した同年の 1965 年 11 月 28 日に、総務処は「ハングル専用に関する法律改正案」を発表した。

　しかし、学校教育に影響を与えたのは総務処ではなく、3 年後の 1968 年 10 月 25 日に朴正熙大統領からの命令による「ハングル専用促進のための 7 項目」が文教部に送られたことであった（P.70 参照）。「ハングル専用促進のための 7 項目」の中で 6 項目として「各学校の教科書から漢字をなくすこと」という学校教育に係わる項目が明示された。

　朴正熙大統領の命令があった 2 カ月後、1968 年 12 月「ハングル専用」についての国務総理訓令第 68 号が制定され、国家施策が適用される学校教育もそれに

準じなければならなかった。それに先立ち、1968年9月には「小学校の漢字教育を廃止すること」という文教部令第251号が定められた。これにより、小学校における常用漢字1300字の学習は取り消され、1970年3月、国語教科書で漢字の姿が消えるようになった。

　これに関して、1995年9月22日に開かれた「ハングルと漢字問題の大討論会」で一潮閣出版社社長の韓萬年は当時のことを「文教部令によって出版社ら漢字混用表記で組版まで終えた状況で、新学期の教科書を急いでハングル専用の教科書に再組版しなければならなかった」と回顧した。興味深いのは次の内容である。当時、出版社側は「すでに教科書の組版が終わっているのに、どうやって再度組版をしろと言うのですか」と文教部の官吏らに抗議をしたという。すると、文教部の官吏らは出版社に対して「抜いた漢字の部分に英語や他の言語表記を入れるのはいいですが、漢字だけはだめです」と、頑なな態度だったという。

　朴正熙大統領からの「ハングル専用促進のための7項目」の命令により、国会の議決なしで、わずか2年後に小学校の教科書への常用漢字廃止が実行された。そして、文教部官吏らの「漢字表記の部分に英語や他の言語表記の入れ替えは可能だが、漢字表記禁止」というわずかな言葉ではあるが、教育機関を統制する最高国家機関は文教部であることを考慮すると、当時の大統領の一語がどれほどの威力であったのかが窺える。

〈表10〉の通り、1970年、小学校教育をはじめ、中学・高校教育でも国語教科書において完全ハングル専用となった。そうした中、中学・高校において漢文科目を導入する動きがあった。1971年教育課程を部分改定し、漢文を独立必須教科に指定し、1972年から漢文を独立教科として授業を行ったのである。同年の8月文教部は中・高校で漢文教育用の基礎漢字1800字を制定し、中学校用900字と高校用900字を指定した。1974年7月11日に文教部は、1975年の新学期から中・高校教科書で漢字を併用すると発表した。1975年3月から実際に、教科書において漢字併用表記が現われ、今日に至っている。

　一方、小学校も漢字教育の動きが全くなかったわけではない。1975年6月26日柳基春文教部長官は「教育効果を高めるために小学校から漢字教育を実施したほうが良い」という大韓教育聯合会の申し入れに対し、「早ければ来年から実

表 10　朴正煕政権期の国語教科書の言語表記変遷

時期＼区分	小学校 1-3 年	小学校 4-6 年	中学校	高校
1960-1964	ハングル専用	漢字併用	漢字併用	漢字併用
1965-1969		漢字混用	漢字混用	漢字混用
1970-1974		ハングル専用	ハングル専用	ハングル専用
1975-1980		ハングル専用	漢字併用	漢字併用

*1972 年に中・高の漢文科目は独立した。
* 時期に関しては年度別に区分した。

施することを検討推進中である」と発表した[23]。しかし、1976 年 9 月 22 日に「小学校では漢字教育を行わない」と文教部が発表したことによって、小学校では完全ハングル専用政策を行って以来、変動なしでハングル専用のままになった。

第 3 節　学術団体の言語政策への関与

　学術団体はハングル専用側と漢字混用側に分かれ、言語政策に変動がある度、学術団体の動きがあった。本節では 1970 年から 1975 年までの完全ハングル専用政策の時期を基準にし、前後の時期に分けて言語政策に対する学術団体の反応を見ることにする。

　1961 年 12 月、国家再建最高議長の朴正煕は前節で述べたように、「1962 年 3 月から新聞・雑誌を含めたすべての刊行物においてハングル専用を行う」と談話を発表したことで、朴正煕政権期のハングル専用政策への議論が浮上した。
朴正煕政府がハングル専用の談話を発表すると、当時の国語国文学会の南廣祐代表理事は「国語政策に関する建議書」でハングル専用の即刻施行に反対した。

　文教部が 1963 年 2 月に、「1965 年から小学校 4 年以上の教科書で漢字混用を行う」と発表すると、今度はハングル学会が動いた。

　ハングル学会は同年 5 月、第 42 回「定期総会」の決議で「文教部が制定した漢字混用の決定は是正すべきだ」と声明し、5 月 21 日に文教部長官に「建議書」を提出した。また、国語国文学会の釜山支会（キム・ジョンウ会長）は韓国語用

語の統一に関する「声明」を出し、「民族の将来のために韓国語用語をハングルで定めたほうがいい」と主張した。パク・マンギュ、チョ・ボンソン、チェ・ギュウォン、イ・ジョンジンなど在京科学系の教授有志の 143 人は、6 月 28 日に「韓国語用語、学術用語を漢字で書くことは自主文化創造の道を遮る仕打ちだ」と指摘し、すべての学術用語は、「新しい時代がすでに身につけてよく知られている美しいハングルの用語のまま使うようにしてほしい」という「建議書」を文教部に提出した。地方大学の科学系教授 47 人も同日、ハングル用語の使用を促す建議書を文教部に提出した。またも第 43 回の総会でハングル学会は、「1965 年から教科書での漢字混用を実施することに対し、反対する」と声明を発表した [24]。

　教科書の漢字混用が始まった 1965 年以降の動きは、ハングル専用側の動きが多かった。政府のハングル専用法制化案の発表はあったものの、なかなか実行できていない状況から 1966 年、ハングル学会は崔鉉培理事長を含めた 51 人の会員連名で「一日も早くハングル専用の完遂に向けた法的措置をしてほしい」という建議書を大統領・首相・国会議長及び各部の長官と各政党の代表に提出した。また、ハングル学会をはじめ、大韓教育連合会、大韓仏教総務院、大韓印刷工業協会、大韓出版文化協会、民族文化協議会、セサク会、カトリックソウル大教区、韓国検認定発行人協会、韓国国語教育学会、韓国キリスト教連合会、韓国放送倫理委員会、韓国新聞発行人協会、韓国語文学研究会、韓国タイプ研究会、韓国雑誌発行人会など 16 団体は、政府のハングル専用法の強化を歓迎すること、ハングル専用事業に協力するという要旨の声明も発表した。1967 年 1 月には、ハングル専用の対応策の一つとして、これまで「ハングル専用特別審議会」などで審議・制定した各分野の用語や難しい用語を簡単なハングルに変えた 1 万 6000 語彙を掲載した『簡単な言葉辞典（쉬운말 사전）』を刊行した [25]。

　朴正煕政権が完全ハングル専用政策を命令・発表した後は、ハングル専用側は朴正煕政権期の方針に支持する建議書や声明を出すことが多かった。1968 年 1 月には、ハングル学会の代表崔鉉培の他、6 つの団体（ハングル専用推進会、ハングルタイプ協会、ハングル音声学会、韓国語文学研究会、民族文化協会、ペダル文化研究院）の代表は 1967 年 11 月 16 日の日付で「朴大統領のハングル専用

計画の下命」を支持し、「1968 年度から 3 カ年以内に 3 段階で完全ハングル専用
の実施をすべきだ」と主張した建議書を大統領及び政府関係省庁の長官に提出
した。同年の 3 月には、ハングル学会をはじめとする 22 団体（高麗大学国語運
動生徒会、大韓教育連合会、大韓仏教曹渓宗総務院、大韓印刷工業協同組合、民
族文化協会、ペダル文化研究院、セサク会、世界ベテラン星友会、世宗大王記念
事業会、ソウル大学国語学生運動会、延世大学国語学生運動会、大韓キリスト教
連合会、韓国検定教科書発行人協会、韓国国語教育学会、韓国放送倫理委員会、
韓国語文学研究会、韓国芸術文化団体総連合会、韓国音声学会、ハングル専用推
進会、韓国タイプ協会、ハングルタイプ研究会など）は、政府の「ハングル専用
5 カ年計画案」の支持声明を出した[26]。

　一方、漢字混用側も 1968 年 10 月、「ハングル専用 5 カ年計画」が樹立すると、
声明を出すなどの動きがあった。1969 年 1 月に著名人 140 人は、「語文教育是正
を促す声明」を出した。そして、同年 7 月、学界・法曹界・言論界などの人士約
100 人が新たに加入して、「韓国語文教育研究会」が設立された。これらの団体
は研究会、講演会などを開いて漢字混用への啓蒙運動をすることにより、ハン
グル専用教育政策の是正運動を本格化させたのである。是正運動に対して、国
務総理は韓国最高学術の権威機構である「学術院」に諮問し、「漢字教育の復活
の合理性について全面的に賛成する」という答申を受けた[27]。朴正熙政府の強
力に完全ハングル専用政策を推進していた当時の状況を考えると、国務総理が
学術院に諮問したことや、漢字教育に賛成するという答申を受けたことは、漢
字混用側にとって大きな成果であったと言える。

　完全ハングル専用政策を実施した 1970 年には、先に漢字混用側の動きがあっ
た。1970 年 2 月、「韓国語文教育研究会」の他 3 つの団体は、2 回目の声明である
「漢字教育の復活を促す声明」を発表したのである。社会教育や学校教育にお
いて全面的にハングル専用が行われていた時期ではあるが、漢字混用側の漢字
復活を促す声明に対して、ハングル専用側も即刻反応した。ハングル専用側の
ハングル学会は「①世宗大王の革新により始まり② 1948 年に韓国の国会でハン
グル専用政策を採択したこと③学び難い上、書きにくい、子供の力を無駄にし
て読書能力を損なわせる」などの理由を挙げ、併用表記の不当性を打ち出した。

また、漢字混用側の「漢字教育の復活を促す建議書」に対して、ハングル専用側は政府の方針を支持すると36団体[28]による声明を出した。

　完全ハングル専用が施行された1年後の1971年7月3日、漢字混用側の韓国語文教育研究会（会長：李熙昇）、国語国文学会（代表取締役：朴魯春）、国語学会（理事長：李崇寧）、韓国国語教育研究会（会長：李應百）など、4つの学術団体は金鍾泌国務総理に「語文教育是正を促す建議書」を提出した。この建議書に対して、1969年と同様に国務総理は学術院に諮問を求めた。学術院は「小学校から漢字教育を実施することに全面的に賛成する」という答申を受けた[29]。

　ハングル学会の許雄理事長は、ハングル専用政策をより確固たるものにするため、次の内容を送っていた。1972年4月25日、「ハングル専用国民実践会」で「中国は漢字の代わりにローマ字を使用する計画」という新聞記事をコピーして、ハングルだけ書くことと正しい国語生活に確固たる信念で前進しよう」という内容の公文書を作成し、政府と国会を含め、全国の文化団体に送った[30]。

　朴正熙政権期は独裁政権とも言える時期だが、それにもかかわらず言語政策においてハングル専用側と漢字混用側の各団体による「建議書」、「声明」、「支持」といった形の意見表明は依然として活発に行われた。

第4節　韓国社会の現実

　朴正熙は政権初期からハングル専用政策を行うことを表明し推進したが、実際の言語政策では意図した通りに進めることができず、「漢字混用期」を経て「ハングル専用期」、さらに「漢字併用期」へと変遷した。

　朴正熙政権期は「ハングル専用に関する法律」の改正推進や「ハングル専用特別審議会」を発足させるなど、言語政策の基本方針はハングル専用であった。これによって、どのように韓国社会へ反映されたのかをハングル専用政策時期の前期、後期に分けて解明する。

　前期の大きな特徴は、依然として漢字混用であったことである。さらに興味深いことは、国家機関も漢字混用表記を使用していたことである。それで朴正熙政権は、段階的にハングル専用を完遂するため、先に国家機関からハングル

写真4　ハングル専用推進時期における政府各部署の公文書の表記法

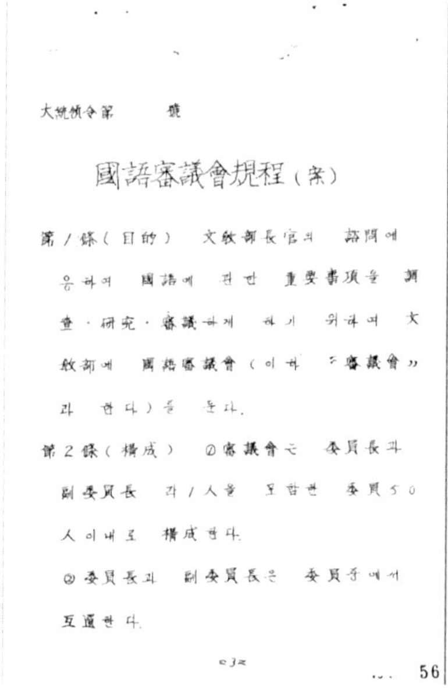

大統領令第　　號

國語審議會規程（案）

第1條（目的）　文敎部長官의　諮問에　응하여　國語에　관한　重要事項을　調査・硏究・審議하게　하기　위하여　文敎部에　國語審議會（이하　"審議會"라　한다）를　둔다.

第2條（構成）　①審議會는　委員長과　副委員長　각1人을　포함한　委員50人이내로　構成한다.

②委員長과　副委員長은　委員中에서　互選한다.

56

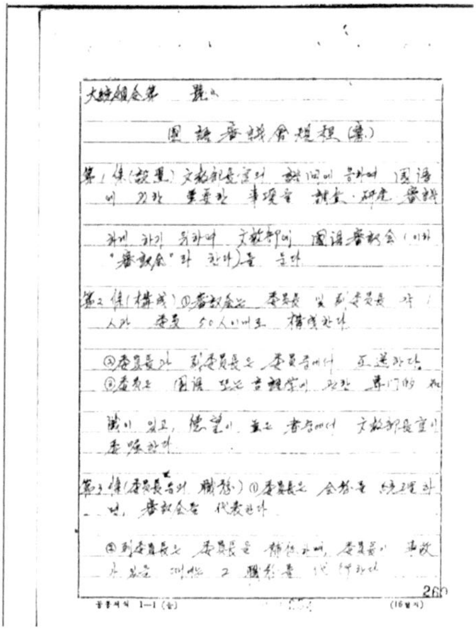

大統領令第　號

國語審議會規程（案）

第1條（設置）文敎部長官의 諮問에 응하여 國語에 관한 重要한 事項을 調査・硏究・審議하게 하기 위하여 文敎部에 國語審議会（이하 "審議会"라 한다）를 둔다

第2條（構成）①審議会는 委員長 및 副委員長 각 1人과 委員 50人이내로 構成한다

②委員長과 副委員長은 委員중에서 互選한다.

③委員은 國語 또는 言語學에 관한 專門的 知識이 있고, 德望이 높은 者중에서 文敎部長官이 委囑한다

第3條（委員長등의 職務）①委員長은 会務를 統理하며, 審議会를 代表한다

②副委員長은 委員長을 補佐하며, 委員長이 事故가 있을 때에는 그 職務를 代行한다

260

出所：總務處（1964）「国語審議会規程（案）」（左）、文教部（1964）「国語審議会規程（案）提案」（右）

専用を施行するように命じた。しかし、期待に反して国家の各部署さえも上部の指令に従っていなかったという状況であった。

〈写真4〉は、1964年のハングル専用推進時期に「国語審議会規程（案）」表題で書かれた公文書である。左側は「総務処」で、右側は「文教部」の公文書の表記法を示している。朴正熙大統領の命令で国語審議会の規程も作成したが、総務処は言うまでもなく、国家の言語政策を管轄する最高機関である文教部でさえも漢字混用表記のまま作成した。国家施策を決める国家機関がハングル専用を率先するどころか、漢字混用表記法のまま使用していたということは、言論界を含め、国民の日常生活でもハングル専用が浸透していなかったことを示す。

後期においては、ハングル専用政策の意志が徐々に強くなっていたが、それでも多くの言論界は依然として漢字表記を使用していた。1970年から完全ハングル専用にすることを1968年に公表し、完全ハングル専用をより強調したこの

時期は国家機関ではハングル専用が行われていた。しかし、多くの言論界は、なおも漢字表記を使用していた。この時期は、学校教育現場では授業を行う際、漢字板書も禁ずるほど強力であったが、新聞社、出版社、放送局では徹底的に統制することができなかった。

　朴正熙政権の前期・後期を含む1960年代は、文芸雑誌、女性誌、大衆雑誌、学生誌、総合雑誌、季刊誌、専門雑誌、宗教雑誌などの多様な定期刊行物が発行されたが、その数はおおよそ1400種余りで、これらの刊行物は漢字混用表記で編集されており、表題もほとんどが漢字表記であった[31]。

　また、ハングル専用側の団体である「韓国新聞発行人協会」も漢字使用を勧めていた。1965年に学校の教科書で漢字混用が行われ、1966年1月にはハングル学会を中心としたハングル専用側の16団体が政府のハングル専用事業に協力するという声明を出した。そのハングル専用側の16団体に含まれていたのが先ほど述べた「韓国新聞発行人協会」であった。

「韓国新聞発行人協会」は同年10月に「韓国新聞協会」に改称するが、興味深いことは、この「韓国新聞協会」は1967年12月に常用漢字2000字を制定し、常用漢字の使用を勧めていたことだ。ハングル専用側の声明には団体の名前が挙げられただけに、ハングル専用には協力する、しかし漢字使用は止めないという二重選択を取っていたのである。

　これらのように国家施策はあくまでも施策であり、言論界がハングル専用になることはそう簡単なものではなかった。だが、それにしても新聞の漢字表記、ハングル表記使用の比率推移から見ると、漢字混用表記は使用されてはいるが、徐々に減少する傾向が見られた。

〈図5〉は、朴正熙政権期内の1963年から1978年までの韓国最大新聞社のうち2社、『朝鮮日報』『東亜日報』の「記事タイトル」及び「記事内容」の漢字・ハングル使用の比率結果である。〈図5〉を見ると朴正熙政権期の初期段階の1963年には漢字、ハングル共にそれ程の差がないのが分かる。『朝鮮日報』の場合、ハングル表記が49%、漢字表記が51%で、『東亜日報』の場合は漢字、ハングル共に同率の50.0%であった。1970年度のハングル専用政策に向けてハングル表記が実際に行われ始めた1968年には、『朝鮮日報』のハングル表記が19.4%上昇し

図 5 漢字・ハングル使用の比率変化（『朝鮮日報』（左)、『東亜日報』（右))

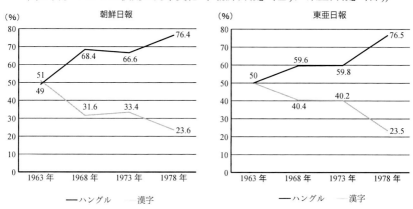

出所：ノ・デギュ「ハングルと漢字の使用比率の変化」『梅芝論叢』5 巻、延世大学梅芝学術研究
　　　所、1989 年、p.19、p.26 をもとに作成。

て、68.4％になり、漢字表記は 31.6％に減少した。『東亜日報』の場合、『朝鮮日報』ほどではなかったが、それでもハングル表記が 9.6％上昇して、59.6％になり、漢字表記は 40.4％に減少し、以降も徐々に減少の傾向が見られる。

　言論界はまだ漢字混用表記ではあるが、徐々に漢字が減少していることから言論界にもハングル専用が浸透し、全体的に韓国社会を見ると漢字は排除されつつあるという現象から、ハングル専用政策の成果があったと推測される。

第 5 節　朴正熙大統領の言語表記の使用傾向

　朴正熙政権期は韓国の国民をハングル共同体に作り上げるため、ハングル使用を促進する強力な言語政策を行った。朴正熙政権期は初期の段階からハングル専用政策によりハングル専用を図っていた。しかし 1965 年 3 月から 1970 年 2 月まで、学校教育においては漢字併用表記が漢字混用表記になり、およそ 5 年間は学校教育で学生らは常用漢字を学び「漢字混用共同体」の一員になった。社会でも依然として漢字混用表記のままの傾向が見られ、「漢字混用共同体」に属して学校教育と社会教育において、「漢字混用共同体」の一員として統一された時期であった。

しかし、朴正熙大統領の命令により文教部を中心に国家機関が「ハングル専用」を強く推進し、漢字混用表記の後半の時期ではハングル専用へと全面的に替える作業が始められた。韓国では言語政策における最も影響力のある存在は絶対権力者である。その他に影響力のある存在として民間学術団体がある。辞書の編纂、識字運動を行うなど共同体の識字率を向上させる上で、韓国社会に貢献した２つの学術団体は、「ハングル学会」と「韓国語文教育研究会」が挙げられる。韓国言語政策の学者らは言語政策の変遷を語る際、常に両側の団体の活動も取り入れた。取り入れた主な内容は、次の通りである。

　　言語政策の指令が出る→学術団体が反対を表明する→言語政策を見直す
　→他の学術団体が反対を表明する→言語政策を見直す

　この繰り返しパターンは、ある程度言語表記の政策に影響を与え、韓国の言語政策の研究分野で一貫性のない言語政策であると一般的に言われている。
　では、朴正熙大統領は果たして学術団体が反対を表明する度、それらの団体の意見を聞き入れて変更するなど、所信のない優柔不断な大統領であっただろうか。朴正熙大統領は本章の第１節で述べた通り、軍事クーデターで政権を握り、貧しい韓国の経済を復興の道へ導いた第一人者である。また、国会を停止させ、維新体制を作った張本人でもある。そのような絶対権力者である朴正熙大統領が所信がない人物である可能性は考えにくい。このような姿は朴正熙大統領の言語表記の使用傾向をもってより明らかになった。
　1970 年に完全なハングル専用を命令した朴正熙大統領は 1972 年 7 月 23 日に「漢文教育に対する私の見解」というタイトルでメモをし、洪性澈政務首席を通じて閔寛植文教部長官に渡した[32]。

　　過去数千年の間、漢字文化圏の中で韓国の文化が発展してきて、私たちの古典はもちろん、私たちの日常生活においても漢文から来た言葉があまりにも多い。したがって、学生たちが社会に出て社会生活に必要な最低限の漢字だけは、中学から極めて限られた数で教育を受けさせ、不

便を減らすという目的で漢文教育の必要性が出た[33]。

　上記の内容は、ハングル専用政策を全面的に実施したが、完全なハングル専用には移行できず、世論の反対もあり、漢字教育の復活を決めた朴正熙大統領の「漢文教育に対する見解」である。

　朴正熙大統領は言語政策として、初代李承晩大統領と同じハングル専用政策を推進してきた。そして社会や学校教育において完全なハングル専用を目標とし、全面的にハングル専用を実施するように下命した。実施してから 2 年後には、漢文教育を受けさせることを承諾したが、朴正熙大統領はハングル表記使用の傾向が強く、ハングル専用政策を実施して国民にもハングル表記の便利さを知ってもらいたいと考えたのではないのかと推定される。

　しかし、1971 年から 1974 年まで文教部長官を務めていた閔寛植元文教部長官は、全国漢字教育推進総連合会が出した『ハングル漢字文化』2 巻で「朴正熙大統領はハングル専用主義者ではない」と明かしたのである。閔寛植（1999）は、朴正熙と漢字に関して次のエピソードを述べている。

　1971 年、文教部長官に就任して間もない時のことである。各部署に朴大統領が年頭訪問を行っており、文教部も訪問に向けて報告の準備をしていた。ある日、担当局長が全てハングル表記にした報告書を閔寛植文教部長官に渡し、閔寛植文教部長官は、事前に内容を熟知するため、報告原本に目を通していたが、読む際にハングル表記では内容理解に不便な箇所があったため、担当局長に対し、漢字混用表記に書き直すように指示した。しかし、文教部の実務関係者らはハングル表記報告書を漢字混用に書き直すことに反対した。その時期は、ちょうど朴正熙大統領の下命により、小学校から高校までの全ての教科書をハングル表記に置き換えた時期であったのである。言語政策に直接関わっている文教部が、自ら率先するどころか漢字混用を使うということは、朴正熙大統領のハングル専用政策に正面から歯向かうことを意味し、新しく就任した閔寛植文教部長官への協力にも消極的であった。

　そして文教部への年頭訪問の日、朴正熙大統領に漢字混用表記の報告書を渡したが、朴正熙大統領からは特に反応はなく、報告を終えた後、閔寛植文教部長

官は朴正熙大統領に「報告書を作成する時、漢字混用表記で作成するように私が指揮しましたが、閣下はそれについてどう思われますか」と尋ねた。その時、朴正熙大統領は「本当によかったよ。読みやすく、理解しやすくてとてもよかった」と答えた。朴正熙大統領のその言葉を聞いた周辺の人々はもちろん、閔寛植文教部長官本人さえその言葉に驚いたとのことである。

　当時の朴正熙大統領の言葉は国家政策に繋がり、絶対権力者である朴正熙大統領[34]の命令に逆らうことは到底考えることが出来ない時代であったのだが、その朴正熙大統領がハングル専用政策の命令をしたにもかかわらず、ハングル専用政策に違反した文教部長官に対する意外な反応は驚くほどであった。

　国家政策として取り組んでいたハングル専用であるが、朴正熙大統領の言語表記に対する本音は、実際文教部長官職を務めた閔寛植の証言によって、より明らかになったのである。

　次に、朴正熙大統領個人の言語表記の使用傾向について確認することにする。〈写真5〉は1961年、朴正熙が5・16軍事クーデターを起こす前に張都暎参謀総長に送った手紙である。〈写真5〉から読み取れることは、実権を握る前の朴正熙はハングル表記ではなく、漢字混用表記を使用していたことが分かる。

　では、大統領就任後の朴正熙個人の言語表記はどうなのかを見ることにする。〈写真6〉は、1972年の朴正熙大統領の直筆である。1972年と言えば、朴正熙大

写真5　5・16直前の張都暎参謀総長に送った手紙

出所：陳泰夏「時論：朴正熙大統領は決してハングル専用論者ではなかった」『ハングル漢字文化159巻、全国漢字教育推進総連合会、2012年、p.13。

108

統領本人が「韓国語表記は全てハングル表記で」行うように命令して 2 年目になる年である。朴正熙大統領は政策として国民にハングル専用を宣言していた。しかし、実情は実権を握る前より漢字表記の使用頻度数は減っているが、相変わらず漢字混用のままであった。

〈写真 7〉は、1975 年 3 月、「漢字部分併用」表記に変わった後の朴正熙大統領の直筆である。1975 年 3 月からは「漢字部分併用」表記になったにもかかわらず、絶対権力者である朴正熙大統領は依然として「漢字混用」表記のまま使用していた。

写真 6　1972 年光州で開かれた「セマウル所得コンテスト」での謝意を表する言葉のメモ

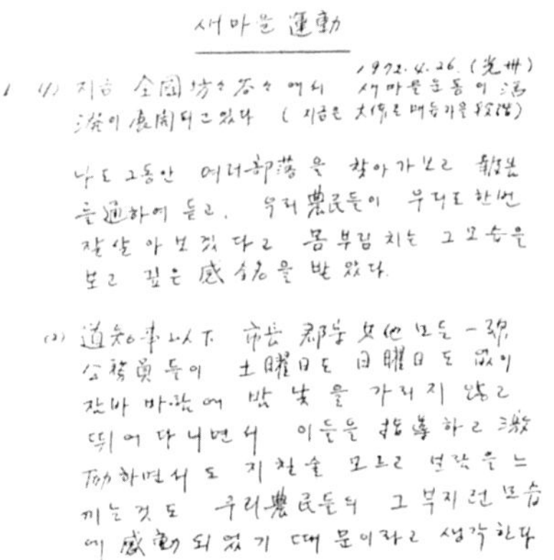
새마을 運動
1972. 4. 26. (光州)
1 (1) 지금 全國坊坊谷谷에서 새마을운동이 活潑히 展開되고 있다 (지금은 大體로 매듭지우는 段階)
나도 그동안 여러部落을 찾아가 보고 報告를 通하여 듣고, 우리 農民들이 우리도 한번 잘 살아 보겠다고 몸부림치는 그 모습을 보고 깊은 感銘을 받았다.
(2) 道知事 以下 市長 郡守 其他 모든 一線 公務員들이 土曜日도 日曜日도 없이 잠바 바람에 밤낮을 가리지 않고 뛰어 다니면서 이들을 指導하고 激勵하면서도 지칠 줄 모르고 보람을 느끼는 것도 우리 農民들의 그 부지런한 모습에 感動되었기 때문이라고 생각한다

出所：陳泰夏「時論：朴正熙大統領は決してハングル専用論者ではなかった」『ハングル漢字文化 159 巻、全国漢字教育推進総連合会、2012 年、p.13。

以上から、朴正熙大統領はハングル専用政策を積極的に推進していたものの、個人の言語表記の使用傾向はハングル専用ではなく漢字混用表記であったことが明らかになった。

写真 7　セマウル運動と自然保護（1977）

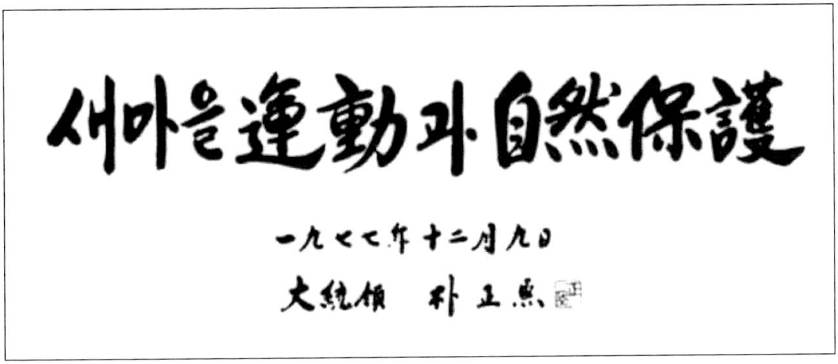

出所：陳泰夏「時論：朴正熙大統領は決してハングル専用論者ではなかった」『ハングル漢字文化』159 巻、全国漢字教育推進総連合会、2012 年、p.15。

小括

　李承晩政権期と比較してみれば、朴正熙政権期はハングル専用政策の指針を強化して積極的に推進していた。クーデターを起こし実権を握った朴正熙は、経済復興に力を注ぐ一方で、大統領本人が直接的に言語政策の運営に介入して命令を下した。

　1961年から1965年2月までは李承晩政権期と同様に「漢字併用」表記を推進し、1965年3月から1970年2月の約5年間は「漢字一部混用」表記を政策として下命した。これにより、漢字表記は学校教育や韓国社会へ反映され、学生から大人まで「漢字共同体」の中に留まっていた。しかし、朴正熙政権は政権初期からハングル専用を推奨し、何度もハングル専用への移行が行われたのである。国民の「漢字共同体」の社会に対し、国家の絶対権力者からの下命により「ハングル共同体」を形成する動きが始まったのである。国家機関でさえ、「漢字共同体」の一員であったため、まずは朴正熙の「ハングル専用」への命令は、国家機関の内部から「ハングル共同体」へと移行する必要があった。1970年からの完全ハングル専用に向け、1968年から完全ハングル専用の準備が整えられていた。施行年を迎えた1970年、国家機関を含め、学校教育の小中高の共同体は、もはやハングル表記だけの教育を受けざるを得なくなった。教育を管轄する国家機関の文教部は教育機関に対し、指令に厳密に従うことを求めていたため、国定教科書を使用する学校教育の言語共同体は、漢字やハングル表記において選択の自由がなかった。

　一方で、社会教育の手段である新聞などの言論界は、学校教育の共同体に比べると、ある程度の自由が与えられ、「ハングル専用促進のための7項目」においても「ハングル専用を積極的に推奨する」という事項内容のみであったため、学校教育のような強制的な措置はなく、社会における「漢字共同体」は当面の間、存続していたのであった。

　1972年、言語政策において再び、漢字併用導入の動きがあり、1975年から漢字の部分併用の政策が実施された。小学校教育はこれまでと同様にハングル専

用であったが、中学校・高校教育には「漢文」科目が必修科目として導入される
ようになるという変化があったのである。国語科目から漢字が排除され、「漢
文」科目が新設された結果、中学校は週 1-2 時間、高校（一般高校基準）では 4-6
時間程度での漢字教育を受けるようになった。しかしながら当時、義務教育は
小学校のみであったこと、そして経済復興の過程であったことを踏まえて、漢
字教育は名目を維持するだけの取り組みであったのではないだろうか。

　朴正煕大統領自身は漢字混用の言語表記傾向ではあったが、言語政策におい
ては「ハングル」専用を政権初期から試みていた。途中で漢字混用の機会は与え
ていたものの、ハングル専用を押し立てて完全ハングル専用を実現したのだ。
後にその政策を取り止め、漢字を受容する形を取って宥和期に移ったが、当時
の朴正煕の権力から見れば、大統領個人の言語表記傾向の「漢字」で押し立てる
ことも可能であったはずだが、その通りに実行しなかった。個人の言語表記傾
向を控え、既存国民が形成していた「漢字共同体」を敢えて「ハングル共同体」
に移したのは、韓国国民共同体であれば、「ハングル表記」は全ての共同体が不
便なく使用できるという正当性のためだったという他にない。恐らく軍事クー
デターで政権を握っていたため、その印象を変える必要があったことが窺える。

　朴正煕は、自伝『やればできる！　立ち上がろう』でクーデターを起こした目
的について、「今回の革命の目的は国家再建と経済の確立にあったが、その本質
面から考察すると、極めて部分的な一部の特権層によって翻弄される政治や経
済体制を全国民のものに回復し、確保することにあった」と語った。その意味
から考えれば、朴正煕は既存の学校教育や社会における「漢字表記」も一部の特
権層による言葉であると認識したに違いない。

　また、朴正煕政権期は「個人」より「共同体」を強調していた。その国家への
意識を明らかにしたのが、第一に本章の第 1 節で述べた通り、教科書に「国民教
育憲章」を載せ、授業を始める前に必ず朗読しなければならなかったことやセ
マウル運動開始とともにセマウルの歌を町中に毎日流していたことだ。第二に
学術団体の反対議論があったのにもかかわらず、「漢字混用共同体」を「ハング
ル共同体」に移行させたことだ。第三に国家の絶対権力者である朴正煕は言語
表記における言語政策を決定する際、個人の傾向を優先していなかったことだ。

さらに小学校はハングル専用のままにし、中学・高校は必修科目という条件付きで行われた。その条件付きの政策の変化は、結局のところ、ハングル共同体だけでなく、ハングル専用に反対する漢字共同体の反感を抑えることが可能であった。

　これらにより、朴正熙政権期の言語共同体は「強化期〜宥和期」であると言える。

〈注〉

1）『歴史批評』編集委員会『論争で見た韓国社会100年』歴史批評社、2000年、p.258。

2）国家記録院「記録で見る経済開発5カ年計画」（http://theme.archives.go.kr/next/economic Development/increaseInExport.do　検索日：2018.9.30）。

3）朴正熙『韓国国民に告ぐ』トンソ文化社、2005年、pp.56-57参照。

4）同上、p.57参照。

5）「国民教育憲章」は韓国初の国民教育の指標である。

6）国家記録院「国民教育憲章」（http://theme.archives.go.kr/viewer/common/archWebViewer. do?bsid=201003370912&dsid=000000000002&gubun=search　検索日：2018.10.1）。

7）チョン・ジュンソプ『国語科教育課程の変遷』大韓教科書株式会社、1995年、p.57。

8）国家記録院「セマウル運動」参照（http://theme.archives.go.kr/next/semaul/semaul01.do 検索日：2018.10.3）。

9）朴正熙大統領が作詞・作曲したと知られていたが、後のインタビューで、次女の朴槿令が作曲したという事実が明らかになった。

10）中央日報日本語版「『噴水台』大統領の歌」2009.6.3日付（https://japanese.joins.com/article/ j_article.php?aid=116159　検索日：2018.10.3）。

11）「第8次教育課程」により「2007年改定教育課程」、「第9次教育改定」を「2009改定教育課程」とも呼ぶ。

12）李庸周「韓国の文字政策と教育」『精神文化研究』通巻第34号、1988年、pp.53-54。

13）同上、p.54。

14）同上、p.54。

15）国家記録院「ハングル専用特別審議会活動 1962 年」（http://theme.archives.go.kr/next/
hangeulPolicy/deliberate.do　検索日 :2018.10.10）。

16）ハングル学会（2009）、p.676。

17）チョン・ジュンソブ『国語科教育課程の変遷』大韓教科書株式会社、1995 年、p.107。

18）ハングル学会『ハングル学会 100 年史』ハングル学会、2009 年、pp.680-681。

19）「訓令」『官報』第 5132 号、1968.12.24 日付、pp.24-25。

20）ハングル学会（2009）、p.678。

21）韓国語文教育研究会編『語文叢書 1-1 国漢混用論』図書出版ウォリン、2006 年、p.213
参照。

22）正確には 1970 年 2 月までである。

23）韓国語文教育研究会編（2006）、p.215。

24）ハングル学会『ハングル専用への道』ソンイル印刷社、1971 年、p.52 参照。

25）同上、p.53-54 参照。

26）同上、p.55 参照。

27）安鍾沄「文字政策と民族文化発展の責任」『語文研究』3 巻 1 号、韓国語文教育研究会、
1975 年、p.60。

28）カトリックジャーナリストクラブ、キリスト教書会、ペダル文化研究院、再建国民運
動中央会、韓国口碑文学会、韓国キリスト教青年会、韓国少年指導者協会、韓国語文学
研究会、韓国自由教養推進会、韓国タイプ教育研究会、韓国タイプ学会、ハングル専用
国民実践会、大倧教、大韓聖書公会、セサク会、タイプ学院教育協会、韓国国語教育学
会、韓国民俗学会、韓国時調作家協会、大韓イエス教協議会、韓国自由教育協会、韓国
タイプ研究会、ハングル光学電子化研究所、ハングル専用推進会、大韓キリスト教教育
協会、民族文化協会、ウェソル会、韓国昆虫分類学会、韓国キリスト教女子青年会、韓
国上古史学会、韓国植物分類学会、韓国音声学会、韓国カトリック中央協議会、韓国タ
イプ協会、ハングル機械化研究所、ハングル学会。

29）韓国語文教育研究会編（2006）、p.215。

30）同上、p.215。

31）チョン・ドンファン「文字生活とハングル」『新国語生活』第 6 巻第 2 号、国立国語研
究院、1996 年、p.93。

32）「『資料発掘』朴正煕メモ－漢文教育に対する私の見解」（1999.12.）。

33）「世宗大王も、朴正煕も漢字排除を命令したことはない」（http://www.chogabje.com/board
　　/view.asp?C_IDX=66890&C_CC=BB（2016.5.29 日付）検索日：2018.10.4）。

第 4 章　金日成政権期の言語共同体

　本章では、韓国と同様に日本植民地期を経験した北朝鮮の金日成政権期の言語政策展開過程について触れ、韓国の言語表記単一化政策との違いを述べることにする。金日成政権期の言語共同体形成のための言語政策の分析の枠組みは、韓国の言語政策と同様の〈表3〉を用いることにする。

第 1 節　時代背景と政策目標

　解放後、南側はアメリカ、北側はソ連に占領され、朝鮮半島は統一国家になることが出来なかった。1948 年 8 月 15 日、朝鮮半島の南側には李承晩を大統領とした韓国が樹立し、同年 9 月 9 日、北側には金日成[1] を首相とした北朝鮮が樹立した。

　解放以降、政権樹立初期の北朝鮮はソ連の社会主義体制を導入していた。だが、1960 年代以降、金日成中心の独裁体制が定着し、独自的な性格を強調する主体思想[2] へと変化した。

　1950 年代末からソ連をはじめとした社会主義諸国の経済援助が減少したが、その影響により経済建設の財源調達が困難であり、また、経済建設路線を巡るソ連の干渉が続いた。さらに北朝鮮国内でも貧困問題の課題があったため、一日に千里を走る千里馬に乗った勢いで、社会主義建設の生産性を高めようとする社会主義競争運動である「千里馬運動」を実施し、1960 年代にかけて社会主義の建設や革命を促進する強力な推進力、社会主義建設の総路線とした[3]。この運動は、単に増産運動だけでなく、新たな共産主義型人間の創造を目指した「思想改造運動」としても活用された[4]。

　北朝鮮の国家政策は、思想における主体、政治における自主、経済における自立、国防における自衛であり、金日成政権下で朝鮮半島全域に共産主義体制を拡大することにより、社会主義体制の維持、朝鮮半島の共産化、さらに世界共産

化が国家の目的であった。

第2節　金日成政権の言語政策

　解放後、金日成政権は、次のような進め方で言語政策を行った。非識字者向けの「識字教育」が行われ、それと共に「漢字廃止政策」が推進された。また、朝鮮語辞典の編纂活動が行われたが、その活動に先立ち、1954年に「朝鮮語綴字法」が公布された。2年後の1956年には『朝鮮語綴字法辞典（조선어 철자법 사전）』や『朝鮮語小辞典（조선어 소사전）』が出版され、1962年には『朝鮮語辞典（조선말 사전）』が出版された[5]。

　そして、「文化語」政策が1964年や1966年の金日成の教示により具体化された。この「文化語」政策は、北朝鮮の言語政策の中で最も中核的な政策とも言える。

第1項　社会教育

　解放後、韓国と同様に北朝鮮でも、共同体における識字問題が課題となっていた。そのため、1946年11月から1949年3月まで全国的な規模として「識字運動」が行われた。

　社会構成員全体が字を書き、読むことができる能力を持つというのは、個人的レベルの知識の量的拡大だけではなく、社会のコミュニケーション能力を上げ、総合的に国家統制を強化するための政策であるといえる[6]。すなわち「識字運動」は、北朝鮮人民共同体に社会主義思想を抱かせるという思想教育の一環として推進された。

　1946年の当時、北朝鮮の共同体の3分の1に該当する230万人が非識字の状態であり、農民や下層労働者階級に限定すると、実質的な非識字率はさらに高いと考えられる中、識字運動が推進された[7]。

　識字運動は夜学会、成人学校、講習会、家庭婦人の夜学会、農村学校などで行われたが、それらの名称は、1947年4月北朝鮮人民委員会の決定第25号により、「ハングル学校」の名称に統一された。「ハングル学校」を修了した成人のため

には、成人学校 (2 年制)、成人中学校 (3 年制) の制度が設けられた。1947 年の
当時、成人学校や成人中学校は 4 万校あまりであるとされ、ほぼすべての分野に
おいて識者運動が実施されたと推論される[8]。

　そして、1947 年 12 月 1 日から 1948 年 3 月末までに「第 1 期の識字突撃運動」
が実施され、「1947 年の計画の実行総和と 1948 年の人民経済発展計画について」
という報告書では、1947 年に非識字者 100 万人余りを識字者に変えたとされる。
さらに、1948 年にも非識字者 100 万人に対して識字教育を行う計画を発表し、
1948 年 12 月 1 日から 1949 年 3 月末までに「第 2 期突撃運動期間」として実施
された。これらの運動の結果、1949 年の初めには僅か 3 年間行われた識字運動
で 200 万人が識字者になるなど、大きな成果を上げたとされている[9]。

　北朝鮮の社会では識字運動と共に漢字廃止政策が断行された。北朝鮮は、韓
国と同様に植民地期の経験により「漢字」表記に対する共同体の認識変化があっ
たと推定される中、漢字廃止に対して金日成は 1946 年 2 月に『労働者新聞[10]』
の発刊に関連し、次のような発言をした。「解放後、労働者は字が読めるように
なったから、彼らのためにも新聞は漢字表記をしないで、朝鮮語で分かりやす
く表記すべきである」[11]。

　上記で述べた「朝鮮語」とは、前後の内容から考えると、固有語表記である「ハ
ングル」を示していたことが窺える。また、1964 年の「朝鮮語を発展させるため
のいくつかの問題」という言語学者との談話においても「識字運動の後、北朝鮮
では新聞や雑誌を含め、全ての出版物が朝鮮語表記で刊行され、人民はそれを
読み、理解している[12]」とされ、社会における漢字廃止政策が順調に行われた
ことが確認できる。「識字運動」は「ハングル」表記の教育を行う運動であり、そ
れと共に漢字廃止政策も推進し、統制されたことが窺える。

　北朝鮮の言語政策の中で最も中核と言える「文化語」政策は、主にロシア語、
日本語、中国語などの外来語や漢字語を固有語に置き換え、朝鮮語を体系的に
発展させることが目的であった。そのため、固有語に置き換える作業をすると
共に漢字表記使用を禁止した。

　民族語である朝鮮語をより発展させるために行った言語学者との談話であっ
たが、その談話中、金日成による「文化語」政策が明らかにされている。「文化

語」の概念は 1966 年 5 月 14 日に金日成により「朝鮮語の民族的特性を正しく活かすことについて」が発表され、その中で言及された。その内容は以下の通りである。

　「標準語」という言葉は、他の言葉で置き換える必要があります。「標準語」という言葉を使用すれば、まるでソウルの言葉を標準にするという意味に受け取られるおそれがあるので、その言葉を使う必要がありません。社会主義を建設している我々は、革命の首都である平壌方言を基準にし発展させた我々の言葉を「標準語」と名づけるよりも、別の名前で名づける方が正しいです。
　「文化語」という言葉もあまり良いと思いませんが、それでもその言葉に置き換えることが望ましいです [13]。

　上記のように、北朝鮮では平壌の言葉を基準にした「文化語」が共通語として普及することになった。文化語普及に伴い、1972 年には「文化語規範文法」、1979 年には「朝鮮文化語文法」が完成し、北朝鮮独自の言葉である文化語が定着した。

第 2 項　学校教育

　北朝鮮では解放後、漢字廃止政策が行われた。1947 年や 1948 年に刊行された教科書には漢字を括弧に入れ併記し、1949 年からは完全なハングル表記となり刊行された。ところが、1964 年や 1966 年の金日成の教示により漢字教育の必要性が現れたのである。以下は 1966 年 5 月 14 日の金日成の教示である。

　できれば漢字表記を使用しないようにしながら、学生に必要な漢字を知らせ、その書き方も教えなければなりません。（中略）　韓国の出版物や過去の文献には漢字表記が少なからず書かれているので、人々にそれを読ませるためにはある程度漢字表記を教えなければなりません。
　私たちが学生に漢字表記を教えているとして、どのような形式であれ

教科書に漢字表記を入れてはいけません。（以下省略）[14]

　漢字教育について興味深いことは、上記で示した通り「学校教育での漢字教育を行うとは言っても、どのような形式であれ教科書に漢字表記を入れてはいけない」とした金日成の発言である。北朝鮮は漢字廃止政策の実行を維持した。すでに実行中である漢字廃止政策は存続させ、学校教育の一部として漢字教育を行わせたのである。
　漢字教育において 1970 年代に入ってからは漢字の数を指定し、一層強化された。以下は、大学漢文教科書である『国漢文読本』の序文に掲載された 1970 年の金日成の教示である。

　　学校で漢文を学ぶことは最も重要です。これは、祖国が統一されれば韓国で発行される新聞・雑誌を読む必要があるからです。（中略）　今は漢文の基礎が弱いです。国家で『国漢文読本』を出版し、技術学校まで約 2000 字程度を学ばなければなりません。漢文をしっかりと学び、研究しなければなりません。だからといって、たくさん学ぶ必要はありません。3000 字程度で十分です。小・中学校から技術学校まで 2000 字程度、大学で 1000 字程度、それで 3000 字程度を学ぶようにすれば良いと思います。そして漢文習字も学ばなければなりません。（以下省略）[15]

　上記の学校教育における漢字の数は、韓国の学制で言えば、小学校 5-6 年で 500 字、中学校で追加 1000 字、高校で追加 500 字の教育を受け、卒業すると合計 2000 字を習得することになる。〈表 9〉を参考にし、1965 年から 1969 年までの韓国の小学校から高校までの常用漢字数が 1300 字であることと比べれば、学校教育において漢文教育の重要性や実践において、いかに強化されたのかが確認できる。

第3節　学術団体の言語政策への関与

　北朝鮮では1947年2月に北朝鮮臨時人民委員会の決定第175号「朝鮮語文研究に関する決定書」が出されるまで、解放後の2、3年は朝鮮語学会が植民地期に発刊した「ハングル綴字法統一案」に沿って識字教育を行った。この時期は北側と南側に分断された状況であったが、双方が同じハングル綴字法を用い共通した朝鮮語を使用していた。

　朝鮮語学会の会員の一部も北朝鮮に渡り、言語政策における活動も行われた。北朝鮮の言語政策に影響を与えた朝鮮語学会の主な人物として、金枓奉や李克魯が挙げられる。まず、金枓奉は1948年南北会談に参加し、人民委員会の常任委員長などを務めた。金枓奉は、同じ朝鮮語学会出身の崔鉉培と肩を並べる程、北朝鮮においても影響力のある人物であった。その一例として、北朝鮮臨時人民委員会の決定第175号による「朝鮮語文研究会」が創設されたが、金日成大学の初代総長として務めていた1947年、金枓奉の意見が反映され「漢字、横書き、綴字法などに関する原案作成」が仕上げられた。そして、翌年である1948年1月15日に新文字を導入することを主な内容とする「朝鮮語新綴字法」が制定、公布されたのである。ところが「朝鮮語新綴字法」は、公文書や教科書などにおいて実現することができず、1958年に金枓奉の失脚により廃棄してしまう結果となった[16]。

　次に、李克魯（元朝鮮語学会の理事長）は、1948年に第2次南北会談に参加しそのまま北朝鮮に残留、朝鮮語研究活動を行った。1948年9月に北朝鮮政権が樹立された後、第1次内閣の無任所相に抜擢された李克魯は、金枓奉が参加したことのある「朝鮮語文研究会」組織の責任者となる。そして、内閣は1949年12月末日までに「朝鮮語文法」と「朝鮮語辞典」を公刊することを指令したのである[17]。その他の活動として、最高人民会議の常任委員・副委員長（1953）、祖国平和統一委員会の副委員長（1961）、祖国戦線中央委員会の議長（1966）、祖国平和統一委員会の委員長（1970）、両江道人民委員会の副委員長（1972）などを務めたが[18]、最も影響を与えた活動は、疑いもなく北朝鮮の言語政策で中核となる1966年以降の「文化語運動事業」に取り組んだことであろう。

　社会主義国家の北朝鮮に移住した朝鮮語学会の会員は、新しく民間学術団体を組織することができず、国家所属である科学院や社会科学院に配置され朝鮮語の研究を行った。ともかく、明らかなことは朝鮮語学会の出身である彼らの活動が社会主義国家である北朝鮮「文化語」政策の土台になったということだ。

第4節　北朝鮮社会の現実

　北朝鮮では、1949年以降、漢字廃止政策が実施されたが、それ以前である1948年の新聞では漢字混用表記が使用されていた。コ・ヨングン（1993）によれば、1946年9月1日に創刊された党機関紙『労働新聞』は、1947年末までは漢字混用表記を使用していたという。具体的には1946年10月19日の第1面に「쏘聯은 참다운 人民의 나라, 모든 制度는 人民을 爲한 것（ソ連は真の人民の国、すべての制度は人民のためのもの」というふうに記事タイトルが漢字混用表記になっており、「방蘇（訪蘇）」のように括弧の中に漢字が併記された[19]。

　1948年1月31日付の『平北労働新聞』第1面の記事タイトルは「反動派의 賣國的 陰謀를 暴露하며 오로지 增産에 全力！（反動派の売国的陰謀を暴露し、ひたすら増産に全力！）」のように記事タイトルは漢字混用表記であったが、記事本文はハングル専用になっていた。ところが、次の号である2月5日付には、記事タイトルと記事内容がともにハングル表記になっていた。党機関紙である『労働新聞』の1948年6月10日付では、第1面から第3面までハングル表記の記事が作成され、海外メディア面である第4面のみ、記事タイトルと記事内容がともに漢字混用表記になっていた[20]。

　1949年以降、漢字廃止政策が徹底的に行われ、新聞や雑誌はほぼハングル専用に移行している。コ・ヨングン（1993）によれば『労働新聞』をはじめ、『民主朝鮮』『北朝鮮の農民新聞』『民主青年』などの新聞や『勤労者』『労働者』などの雑誌は、既に1949年の初めから記事タイトルと記事内容ともにハングル表記のみで作成されていたという[21]。

　学術用語に関する研究者パク・ギョンチュル（1949）は当時のことを次のように語っている。

未だ全人民の勤労大衆の新聞・雑誌で漢字表記を多く使用し、「가정에서나 직장에서나 불조심（家庭でも職場でも火の用心）」という標語が街中に貼り出され、印刷された用紙はすべてハングル表記なのに、記入事項は漢字表記でなければならないし、駅の名前は未だに漢字表記で、表札もほとんどが漢字表記のままである[22]。

　上記から考えられるのは、社会主義である北朝鮮の社会でも漢字表記を排除することにおいて試行錯誤があり、その政策は決して簡単ではなかったことが窺える。
　漢字廃止政策において、専門学術誌などで使用される専門用語の漢字問題もあり、完全廃止まである程度の時間がかかったと推定されるが、結果として1960年代以降の北朝鮮社会においてはほぼ漢字表記が排除され、見られなくなった。

第5節　金日成主席の言語表記の使用傾向

　解放後、金日成主席は人民共同体を朝鮮語共同体へ導くため、非識字共同体には識字教育を行い、北朝鮮社会において全面的に漢字使用を禁ずるなど、強力に言語政策を実行した。言語政策の推進に先立って、1964年1月3日行われた言語学者たちとの談話を通じて「言語政策に対する見解」を述べていた。
　まず言語の重要性について、「一部の人々は、言語問題を民族の問題に結び付けません。言語は民族を特定する共通性の中で最も重要なものの一つです[23]」と述べており、朝鮮語の独自性に関しては次のような見解を示した。

　　我々の民族が固有の言葉と文字を持っているということは、私たちの大きな誇りであり大きな力です。朝鮮人民は昔から固有の言語を持っているため、優れた民族文化を創造することができ、自分の民族の美しい風習や伝統を受け継ぐことができました。朝鮮人民は、優れた言語を

持っていることによって民族的自負心が高く、団結力も強いです。

このように朝鮮語を誇る金日成であったが、その反面で漢字表記については、

　漢字表記を使う必要はありません。漢字を創った中国人も学ぶことが
難しく、使用に不便なところがあり、今後漢字廃止を考えているのに、何
のために私たちがそれを使いますか。
　漢字は一つの他国の文字として一定の時期まで使用すべきです。（以
下省略）[24]

と述べた。北朝鮮では「朝鮮語」に対し「漢字」は他国の文字であり、固有語
表記の「ハングル」だけが「朝鮮語」の文字であると認識している。さらに、漢

写真 8　偉大な首領金日成同志の労作「20ヶ条政綱」の直筆原稿（1946.3.23）

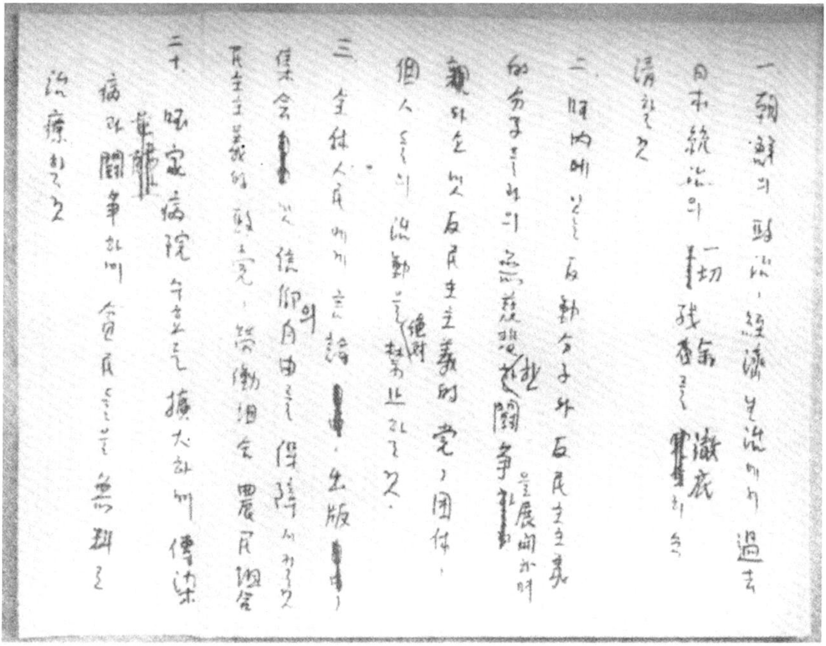

出所：金日成『金日成著作集 2 (1946.1-1946.12)』朝鮮労働党出版社、1979 年。

字表記を学ぶ理由についても記し、「漢字を学ぶ必要性はあるが、そのために漢字表記で新聞記事を掲載してはいけない [25]」と表明し、漢字表記に対する確固たる見解を示していたのである。

　だが、金日成自身は意外にも以下のように漢字混用表記を使用していた。

〈写真8〉は、北朝鮮政権の樹立前に金日成が書いた直筆原稿である。ここから確認できることは、金日成主席が使用した言語表記は漢字混用であることだ。もちろん1946年という時期は、当時の北朝鮮では識字問題が政策の課題として提起された時期であるため、確かに金日成の漢字混用表記に対しそれほど違和感がないかも知れない。しかし、明白なことは金日成の言語表記は本人が示した言語表記に関する見解とは不一致であるという事実である。

　では、漢字表記が廃止された1949年以降の金日成主席の言語表記はどうだろうか。〈写真9〉から確かめてみることにする。

〈写真9〉は漢字廃止政策実施後である1955年の金日成主席の直筆原稿である。上記の〈写真9〉を〈写真8〉と比較してみれば、1946年（写真8）の漢字表記の「朝鮮」という言葉が、1955年（写真9）にはハングル表記の「조선」に置き換

写真9　偉大な首領金日成同志の労作「思想活動で教条主義と形式主義を退治し、主体を確立することについて」の直筆原稿（1955.12.28）

出所：金日成『金日成著作集9（1954.7-1955.12）』朝鮮労働党出版社、1980年。

えられている。全体に 1955 年には漢字混用表記の比率は減少していることが確認できる。金日成主席の漢字混用表記についてさらに分析を行うため、〈写真9〉から一部の原稿内容を抜粋する（括弧は日本語訳）。

- ・國家目標에 있어서도（国家目標においても）
- ・最近目標와（最近目標と）
- ・最近目標가 있다（最近目標がある）
- ・조선人民의 文化 , 예술（朝鮮人民の文化、芸術）
- ・자기와 같은 思想을 가진 친구들과의 단결（自分と同じ思想を持った友達との団結）

　上記から読み取れることは、金日成は 1955 年にも漢字混用表記を使用していたが、特徴的なのは漢字語に対して全てを漢字表記やハングル表記に変えることはなく、部分的に表記を置き換えていたことである。なかでも「思想（사상）」

写真 10　偉大な首領金日成同志の労作「農民を革命化し、農業部門で党代表者会の決定を徹底的に貫徹することについて」の直筆原稿（1967.2.2）

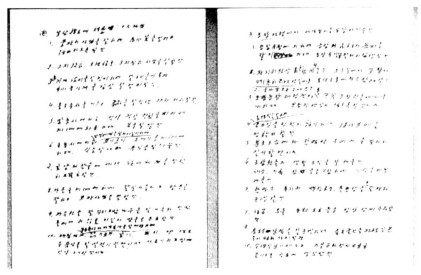

出所：金日成『金日成著作集 21（1967.1-1967.12）』朝鮮労働党出版社、1983 年。

のような漢字語を「思상」と表記し、完全な漢字表記でもハングル表記でもない、どちらにもつかない表記形式で書かれているである。

　それでは、1960年代の金日成主席の言語表記はどうだろうか。〈写真10〉から確かめてみることにする。

　1967年の金日成主席の直筆〈写真10〉は、1955年の直筆〈写真9〉と比較すれば、それほど違いがないことが見受けられる。再度、金日成主席の漢字混用表記について更なる分析を行うため、〈写真10〉から一部の原稿内容を抜粋する（括弧は日本語訳）。

- 생산지도에 대한（生産指導に対して）
- 토지보호 , 토지정리 사업을 잘할 것（土地保護、土地整理事業を円滑に進めること）
- 중소 농기계를 항상 잘 정비할 것（中小農業機械を常に整備すること）
- 주택 , 우물 , 송촌 도로（住宅、井戸、ソンチョン道路）
- 송촌상점（ソンチョン商店）

　上記から読み取れることは前述した〈写真9〉の分析と同様、漢字語に対して部分的に漢字混用表記を使用していることである。そして1955年と同様、「생산지도」「토지보호」「토지정리」などのように漢字語に対し、完全な漢字表記でもハングル表記でもない表記形式で書いている。

　以上により、1949年から社会における漢字廃止政策が行われ、人民共同体の日常生活での漢字使用が禁じられていた一方で、指導者である金日成主席は依然として漢字混用表記を使用していたこと、金日成主席の言語表記の使用傾向は漢字混用表記であることが明らかになった。しかも、完全な漢字表記でもハングル表記でもない表記形式まで見られ、金日成主席の完全ハングル表記方針に対してこうした意識は、1960年代の漢字教育の必要性を強調する教示の背景ともなっている。

小括

　北朝鮮の金日成政権は解放後、韓国と同じように識字問題を課題としていたが、非識字人民共同体向けの識字運動を行い、韓国より先立って識字問題が解決された。そして識字運動とともに漢字廃止が追求され、1949 年に全面的に漢字廃止政策が実行された。漢字廃止政策により、人民共同体の日常生活における漢字表記使用が禁止された。

「文化語」政策は 1964 年、1966 年の金日成の教示により登場し、漢字語、外来語などを固有語に置き換える作業が行われた。そして、全人民共同体の教育のため『朝鮮語辞典』なども発刊されたが、固有語に置き換えることにより、徐々に漢字語などを使用する韓国語との差が生まれるようになった。

「文化語」政策が推進される一方で漢字教育の必要性が 1964 年 1 月 3 日の金日成教示により言及され、2 年後の 1966 年 5 月 14 日の金日成の教示では学校教育での漢字教育について具体的に提示し、漢字数も指定されるようになった。漢字廃止政策実施中の北朝鮮の漢字教育は韓国より熱心で、当時、韓国の学校教育で指定された漢字数より 700 字を更に学ぶことになる。しかし、これらの漢字教育は学校教育でのみ行われ、日常生活においては依然として漢字廃止政策が存続していた。

　次に、北朝鮮政権の樹立後、韓国のような民間学術団体による言語政策への関与はなかったが、日本植民地時代に朝鮮語普及活動を行った「朝鮮語学会」の影響はあった。解放後、朝鮮語学会の一部会員が北朝鮮に移り、国家研究機関である社会科学院などに所属したことによりその意見が反映され、言語政策に影響を与えることができたのである。朝鮮語学会は朝鮮語普及活動を目的としていたため、北朝鮮に移住した学会の会員もその目的に沿って識字運動や漢字廃止政策、さらに固有語使用を促進する「文化語」政策に同調したものと考えられる。

　北朝鮮は主体思想に基づく金日成主席による独裁体制であるため、人民共同体は絶対権力者である金日成主席の言葉に従わなければならない。このような背景において言語政策が推進されると、社会に完全反映されるまで多少時間が

かかるものの、必ず実現される。

　以上のように「識字運動」や「漢字廃止政策」、さらに固有語使用を推進する「文化語政策」まで全てが金日成主席の言葉によって推進されたが、実際には、金日成主席自身の言語表記の使用傾向は漢字混用表記であった。

　韓国との対比では、朴正熙政権のハングル共同体形成の「強化期」にあたる言語政策が、金日成政権ではその強硬な政治体制によりはるかに早期に具体化されたといえる。

〈注〉

1) 本名は김성주（キム・ソンジュ）で、漢字名は「金成柱」もしくは「金聖柱」であるとされ、資料によって表記が異なる。

2) 主体思想とは、革命と建設のすべての問題を自国の実情に合わせ、主に自力で解決していく原則を堅持することを意味し、自主性の実現を唱えている。但し、人民は自主性を実現するために、必ず首領の正しい指導を受けなければならないとし、首領に対する忠実性が主体の確立の要点になるとされている。

3)「千里馬運動」について、朝鮮民主主義人民共和国社会主義憲法の第 1 章政治第 13 条に示されている。

4)「통일부 북한정보포털（統一部北朝鮮情報ポータル）」参照（https://nkinfo.unikorea.go.kr/nkp/term/viewNkKnwldgDicary.do?pageIndex=1&dicaryId=194 検索日 :2019.10.2）。

5) イ・サンオク「北朝鮮の語彙研究 / 辞典編纂 : 韓国との同質性回復のための基礎研究」『語学研究』28 巻 3 号、ソウル大学言語教育院、1992 年、p.605。

6) キム・ハス「北朝鮮の国語政策」『初等ウリ教育』1990 年、pp.142-143。

7) イ・デソン「解放直後の北朝鮮の文字政策」『人文科学研究論叢』37 巻 1 号、明知大学人文科学研究所、2016 年、p.45。

8) 同上、p.46。

9) 同上、p.47-48。

10) 労働者向けの宣伝教養紙。

11) 同上、p.50。

12）金日成「朝鮮語を発展させるためのいくつかの問題」『金日成著作集 18（1964.1-1964.12）』朝鮮労働党出版社、1982 年、p.15。

13）金日成「朝鮮語の民族的特性を正しく活かすことについて」『金日成著作集 20（1965.11-1966.12）』朝鮮労働党出版社、1982 年、p.343。

14）金日成「朝鮮語の民族的特性を正しく活かすことについて」『金日成著作集 20（1965.11-1966.12）』朝鮮労働党出版社、1982 年、pp.348-349。

15）ジン・ジェギョ「北朝鮮の漢字文化とその社会文化的意味」亜細亜研究 45（4）、高麗大学亜細亜問題研究所、2002 年、pp.69、再引用。

16）イ・デソン（2016）、前掲論文、pp.57-60。

17）韓国民族文化大百科辞典「朝鮮語文研究会」（http://encykorea.aks.ac.kr/Contents/Item/E0079262　検索日 :2019.10.11）。

18）「ハングル学会」ホームページ（https://www.hangeul.or.kr/modules/bbs/index.php?code=bbs14&mode=view&id=23&page=5&___M_ID=167&sfield=&sword=　検索日 :2019.10.11）

19）イ・デソン（2016）、前掲論文、p.51 再引用。

20）同上、p.51 再引用。

21）同上、p.52 再引用。

22）同上、p.52 再引用。

23）金日成（1982）、前掲書、p.14。

24）金日成（1982）、前掲書、p.23。

25）金日成（1982）、前掲書、p.24。

26）ただし、李承晩大統領は例外とする。韓国の言語共同体形成過程の中で李承晩大統領は、ハングル表記の中でさらに李承晩個人の言語表記の使用傾向（旧綴字法）を反映しようとした。だが反映することができず、現綴字法のハングルによるハングル専用推進政策に方向を変えた。

27）李承晩政権は義務教育制度を有効に活用していない例である。それにより、李承晩政権においては言語共同体を形成することができず、ハングル共同体の形成は朴正煕政権期になるまで待たざるを得なかったと推論される。

28）2002 年に高等中学校は中学校に、人民学校は小学校に変更された。

29）金敏洙「北朝鮮の漢字教育」『新国語生活第 9 巻第 2 号（99 年夏）』、国立国語院、

1999 年、p.93。

終　章

第 1 節　朝鮮半島における言語共同体の形成過程

「言語」は共同体を団結させ、一つに結びつける力がある。また、国家の力を結集するエネルギーとなる。そのため、「言語」は共同体を形成する決定的な要素として認識されて来た。その「言語」について本書では「言語表記」を中心に検討してきた。

　本書は、かつて言語消滅危機を経験した植民地経験国である韓国の言語政策の事例研究を通じて、韓国が自国の言語をどのように保全することができたのかを明らかにし、消滅危機言語の保全のための政策的知見を得ることを目的とした。そのため、植民地期の1910年から朴正煕政権期の1979年までの言語表記単一化政策を中心とした言語政策展開過程を取り上げ、各時期において言語共同体形成過程を明らかにした。

　事例国である韓国の言語学者らは、自国の言語政策について「今に至るまで一貫性がなく、揺れ動いてきた」と語る。その原因として常に取り上げられるのが「言語表記」の問題である。韓国語の語彙は「漢字語」「固有語」などで構成されており、漢字語の言語表記問題が頻繁に議論されてきた。

　今日の韓国の言語政策はハングル専用（漢字部分併用）であるが、そのきっかけを作ったのが解放後の1948年に制定された「ハングル専用に関する法律」というハングル表記政策であった。そのため、論文の構成においては、ハングル共同体形成という観点から「日本植民地期」「李承晩政権期」「朴正煕政権期」の3つの時期に分けて分析を行った。さらに韓国と同様に日本植民地期を経験した北朝鮮の「金日成政権期」を「李承晩政権期」から「朴正煕政権期」までに対応させて分析を行った。分析の枠組みは以下のように設定した。

一、各時期の時代背景と政策目標
二、各時期の言語政策による社会教育と学校教育

三、学術団体の言語政策への関与

四、韓国社会の現実

五、各時期の絶対権力者の言語表記の使用傾向

　第1章では、日本植民地期を上記の分析枠組みに沿って分析した。日本植民地期のハングル共同体は「第一混乱期」であることが明らかになった。以下の〈表11〉は、分析の枠組みに沿って明らかにしたことをまとめたものである。

　日本植民地期の1910年から1945年まで、日本は朝鮮人の日本語共同体形成のため、朝鮮在中の朝鮮人に対して「日本語普及」という言語政策を行った。朝鮮の社会教育では日本語が奨励され、学校教育では朝鮮教育令（第1次−第4次）に基づき、「日本語」を「国語」として教育を行った。第1次朝鮮教育令の時期で

表11　日本植民地期のハングル共同体の形成過程

時代背景、政策目標		・韓国併合による日本植民地支配（弾圧、遇民化、経済的収奪） ・日本語普及政策
言語政策	社会教育	・朝鮮の言論、出版、集会、結社自由の制限 ・日本語奨励
	学校教育	朝鮮教育令(第1次−第4次)の実施 ・第1次：日本語は「国語」、朝鮮語は「朝鮮語及漢文読本」科目に変更 ・第2次：日本語は「国語」、「朝鮮語及漢文読本」廃止、「朝鮮語」復活 ・第3次：「朝鮮語」随意科目に変更 ・第4次：「朝鮮語」廃止　　＊他科目は第1次から日本語で編纂
学術団体の関与		朝鮮語学会・朝鮮語辞典編纂、ハングル綴字統一案発刊、朝鮮語規範化寄与 ・ハングル講習会開催 ・朝鮮語学会事件により学会の会員ら逮捕
朝鮮社会の現実		日本語普及政策により徹底的な日本語使用 ・学校教育：僅かな朝鮮語科目の授業（中でも漢文授業の割合が高い） ・言論機関：統制や弾圧 ・朝鮮人の総人口のうち、非識字率77.8%、識字率22.2%（両言語識字率6.8%、日本語識字率0.03%、ハングル識字率15.4%）

＊筆者作成

は「国語」であった「朝鮮語」は「朝鮮語及漢文読本」という科目に替え、「朝鮮語」と「漢文」を同一科目に統合させた。それだけでなく、統合された科目は均等割りで配分せず、朝鮮語より、漢文の割合が高く、日本語普及のために朝鮮の漢字が利用されていた。第2次朝鮮教育令の時期に「朝鮮語」科目が復活されたが授業日数は少なく、第3次朝鮮教育令の時期になると「朝鮮語」が随意科目に格下げされ、第4次朝鮮教育令の時期には廃止されてしまった。表向きには朝鮮人の母国語である朝鮮語の教育を許可したが、その背後では朝鮮語抹殺が図られていた。

　いずれにせよ表向きの政策として行われた日本語普及政策の結果、朝鮮人全体の内識字率は22.2％に止まった。具体的には日本語と朝鮮語両方の識字率が6.8％、日本語のみの識字率が0.03％、朝鮮語のみの識字率が15.4％であった。しかしながら識字率が低いとされている中でも目立っているのは、朝鮮人共同体が日本の意図した「日本語共同体」にそれほど入っていなかったことである。

　この時期、朝鮮人共同体は母国語である朝鮮語を中心に一体となった。朝鮮語学会は朝鮮語辞典編纂やハングル綴字法統一案を発表し、朝鮮語の規範化に寄与していた。また、自主的にハングル講習会を開催し、非識字共同体を朝鮮語共同体に移動させた。同様に学術団体もハングル講習会を開催し、識字層の青年たちも非識字共同体の教育のため貢献した。

　このように朝鮮語共同体は、宗主国の「日本語の強要」と母国語の「朝鮮語の弾圧」という苛酷な状況の中で、「日本語共同体」「漢字混用共同体」「ハングル共同体」に分けられ、「第一混乱期」が訪れたことが明らかになった。

　第2章では李承晩政権期を分析した。李承晩政権期ではハングル共同体が「第二混乱期」を経て「整備期」となることを明らかにした。〈表12〉は分析の枠組みに沿って明らかにしたことをまとめたものである。

　1946年から1960年までの李承晩政権期は、植民地時代に出現したハングル共同体を維持するためにハングル専用を推進した。それを裏付けるものとして第一に、「ハングル専用に関する法律」を制定したことが挙げられる。当時、植民地時代に言語政策に貢献したハングル学会によるハングル専用法の制定を促す声明などがあったが、制度化には至らなかった。しかし、李承晩政権期には「ハ

表 12　李承晩政権期のハングル共同体の形成過程

時代背景 政策目標	・日本植民地支配の終息　　　・解放後、3 年間の米軍政庁期 ・大韓民国の政府樹立　　　　・朝鮮戦争 ・識字教育	
言語政策	社会教育	識字教育
	学校教育	・1945 年－ 1950 年　　ハングル専用：小 1-6 年、中学校 　　　　　　　　　　　漢字併用：高校 ・1951 年－ 1960 年　　ハングル専用：小 1-3 年 　　　　　　　　　　　漢字併用：小 4-6 年、中学校、高校
学術団体の関与	植民地期に引き続いた主なハングル学会の活動 ・小・中等教科書編纂、朝鮮語大辞典第 1 巻発行 ・1948 年にハングル専用法の制定を促す声明、建議文 「改正したハングル綴字法統一案」のハングル版発行 ・1949 年にハングル学会理事長に崔鉉培（元文教部編修局長）就任 ハングル専用促進活動（促進会委員長：崔鉉培） ・1949 年-1955 年、ハングル簡素化波動により反対声明 ・1956 年にハングル専用に関する声明 ・1958 年に「改正したハングル綴字法統一案」の用語改訂版発行	
韓国社会の現実	・識字教育の実施後、識字率が95.9%激増（1958 年） ・韓国社会から支持されないハングル簡素化案。 ・言語政策と韓国社会の不一致（国家機関も漢字混用表記使用） ・看板や標識物はハングル専用 ・メディア、刊行物は漢字混用 ・ハングル専用政策が履行されているのは非識字共同体のみ	
李承晩の言語表記 の使用傾向	・簡素化された旧綴字法のハングル	

＊筆者作成

ングル専用」が国会で採択され、正式に韓国の言語政策の法律として定められたのである。

　第二に、漢字教育を排除したハングル教育による識字政策を実施したことである。解放直前の朝鮮人の非識字率がそのまま解放直後の韓国人の非識字率77.8%に繋がっていたため、李承晩政権は韓国国民の共同体において非識字率を減らす教育を行わなければならなかった。

　これら 2 つの言語政策によって、ハングル共同体を維持する十分な条件が整えられた。しかし、李承晩大統領個人の言語表記の使用傾向が言語共同体に混

乱をもたらした。ハングルの一般的な使用法とは違って李承晩が主張した旧綴字法は、当時の韓国社会のハングル共同体から馴染みの薄いものであった。そのため、ハングル共同体を旧綴字法共同体にしようと、「ハングル簡素化法案」を推進したが、それが結果的にハングル共同体を混乱させ、1949年から1955年までハングル共同体は不安定な時期となった。

　一方、これまでの既存識字層であった漢字共同体は、ハングル簡素化波動のおかけで漢字を守ることができた。学校教育においても常用漢字が指定され、学校教育や社会の漢字共同体は言語政策において苦難のない安定した時期であった。

　1949年から1955年まで停滞していたハングル共同体は、その後の李承晩によるハングル簡素化撤回の談話により、絶対権力者と共同体が融合し、ハングル共同体の道を歩めるようになった。しかしながら、ハングル専用は韓国社会に完全に定着しきれず、不完全な状態のまま整備されていくこととなった。

　第3章では、朴正煕政権期を分析した。朴正煕政権期にはハングル共同体が「強化期」を経て「宥和期」となる。〈表13〉は明らかにしたことをまとめたものである。

　ハングル共同体を整備しようとしていた李承晩政権期に引き続き、1961年から1979年までの朴正煕政権期はハングル共同体を存続させるための言語政策を行った。第一に、朴正煕は政権を握った後、「ハングル専用に関する法律」の改正を推進する一方、ハングル専用特別審議会を文教部に設置するなど、政権初期の段階からハングル専用に向け、政策として取り組んでいたことが挙げられる。このような取り組みは、1960年代の後半になると「ハングル専用」を徹底するなど、より堅固な政策として展開した。

　第二に、経済復興のためにハングル共同体の形成を図っていたことである。韓国は朝鮮戦争後荒廃し、共同体も国家も貧困そのものであった。そのため、経済復興を国家政策として行い、具体的な施策として韓国社会全体に「セマウル運動」が推進され、学校では教科書に「国民教育憲章」が掲載されていた。経済復興のためには、特に職場では、非識字共同体のままでは支障があり、非識字教育のためにもハングル教育を優先にしたのであった。

表 13　朴正煕政権期のハングル共同体の形成過程

時代背景 政策目標	・戦争による荒廃　・アメリカの援助に依存 ・民主化運動　　　・経済復興政策	
言語政策	社会教育	・ハングル専用推進
	学校教育	・1965 － 1969 年常用漢字適用 　　　：小学校 600 字（1-3 年：ハングル専用、4-6 年：学年毎に 　　　　200 字）、中学校 400 字、高校 300 字 ・1970 － 1974 年完全ハングル専用：小学校・中学校・高校 ・1975 － 1980 年常用漢字適用 　　　：ハングル専用：小学校全学年 　　　　漢字併用：中学校（900 字）、高校（900 字）
学術団体の関与		・「新聞・雑誌を含めたすべての刊行物においてハングル専用を行 　う」と談話を発表→国語国文学会の反対 ・「1965 年から小学校 4 年以上の教科書で漢字混用を行う」と発表 　→ハングル学会の反対 ・学校教育での漢字混用開始→ハングル学会がハングル専用の完 　遂を建議、ハングル専用側はハングル専用法の強化を要請 ・完全ハングル専用政策の指令・発表後→ハングル専用側の支持 ・「ハングル専用 5 ヵ年計画」樹立→漢字混用側の反対、是正運動 ・ 完全ハングル専用政策実施後 →漢字混用側は漢字教育の復活を促す建議書提出 　→ハングル学会は漢字併用の不当性を打ち出す 　→ハングル学会のハングル専用への支持表明
韓国社会の現実		・漢字混用→ハングル専用→漢字併用 ・完全ハングル専用政策の前期：国家機関及韓国社会の漢字混用 ・完全ハングル専用政策の後期：国家機関はハングル専用、韓国社 　会は漢字混用（徐々に漢字表記が減少）
李承晩の言語表記 の使用傾向		漢字混用

* 筆者作成

　第三に、社会ではハングル教育が徐々に強まっている中、学校教育では漢字
教育が行われていたことだ。朴正煕政権には李承晩政権と同様に漢字教育が行
われた。さらに前政権期との違いとして漢字併用表記ではなく、1965 年から
1969 年まで漢字混用表記が用いられた。また、社会教育の政策として、漢字が
徐々に排除されている中で学校教育だけは漢字混用表記が維持された。そうす
ることで漢字共同体の反発も抑えることができたのであった。

　第四に、完全なハングル共同体を形成するため、1970 年から 1975 年まで学校
教育でハングル専用政策を全面的に実施し、強化したことだ。しかし学校教育
（小学校 1-3 年除外）で行われた漢字混用表記を完全ハングル表記にするとい
う朴正熙大統領の政策は、あまりにも急な政策で、漢字混用側は無論、漢字使用
の韓国社会においても反対世論が強かった。そのため、反対議論を考慮した方
針として中学校以上の学校教育では漢文科目が独立し、漢字併用表記が実施さ
れるようになった。以前のような漢字混用表記ではないが、それによって漢字
混用側の反発はなかった。しかし、ハングル専用の「強化」から「宥和」への政
策は、結果として自然に「漢字共同体」を「ハングル共同体」へ転移させていった。
漢字併用政策とはいえ、当時の義務教育は小学校のみであったため、おそらく
義務教育で施行されるハングル専用が大きな影響を与えたと推論される。

　第五に、絶対権力者である朴正熙個人の言語表記の使用を見ると、朴正熙自
身は漢字混用の傾向があった。しかし、言語政策では個人の言語表記に偏向せ
ず、ハングル専用を推進していた。軍事クーデターで政権を握っていたため、
正統性の面でハングル専用政策をとった可能性もないとは言えないが、朴正熙
大統領が「公」と「私」を分け、韓国の言語共同体をハングル共同体に仕上げて
いったと言える。

　以上、本書の分析結果を踏まえ、解放以降の 1945 年から現在に至るまでの学
校教育の言語表記について次の〈図 6〉の通りにまとめることができた。

　さらに、韓国の言語政策展開の全体をまとめれば、〈図 7〉のように示すこと

図 6　学校教育の言語表記の変遷（国語教科書）

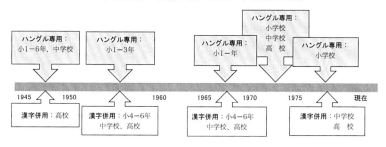

＊筆者作成

図7　ハングル共同体の形成過程

| 第一混乱期
(1910-1945) | 第二混乱期～
整備期
(1946-1960) | 強化期
～宥和期
(1961-1979) | 完了期
(1980-現在) |

* 筆者作成

が出来る。

　日本植民地期はハングル共同体形成過程において「第一混乱期」であった。宗主国から弾圧を受ける中で出現したハングル共同体は、李承晩政権期に2つのハングル綴字法間の紛糾により、更なる「第二混乱期」として拍車がかかった。しかし、その後、ハングル共同体が一つの共同体にまとまり、ようやく「整備期」の段階に入ることができた。

　朴正熙政権初期のハングル共同体は、李承晩政権期に引き続き、「整備期」としてスタートした。そのハングル共同体が1970年に「強化期」を向かえたが、一方の漢字混用共同体がハングル共同体になることを拒否したため、韓国国民共同体は直ちにハングル共同体として統合しなかった。だが、それ以降「宥和期」を経る中で韓国国民共同体はハングル共同体へと自然に融合され、結果としてハングル共同体は1980年代から現在に至る「完了期」を迎えることになる。

　第4章では、金日成政権期を分析した。金日成政権期では韓国のハングル共同体とは別の「固有語共同体」が形成された。主体思想による独裁体制を敷く北朝鮮では、絶対権力者である金日成の指示が全て実行されるため、「固有語共同体」は「強化期」を迎えることになる。〈表14〉は分析の枠組みに沿って明らかになったものをまとめたものである。

　金日成政権期は、解放以前の朝鮮半島で一本化されていたハングル共同体から離れ、北朝鮮独自のハングル共同体である「固有語共同体」が登場し発展した。固有語共同体となる経緯は解放後の識字運動から始まる。解放後、北朝鮮にも韓国と同様に「日本語共同体」「漢字混用共同体」「朝鮮語（ハングル）共同体」が現われたが、中でも非識字人民共同体が最も多かった。北朝鮮は主体思想による一本化を目指し、全人民を一つの共同体とするため、識字教育に朝鮮語を用いた。北朝鮮で示す朝鮮語とはハングル表記を意味し、漢字表記は含まれて

表 14　金日成政権期の固有語共同体の形成過程

時代背景 政策目標		・日本植民地支配の終息　　・ソ連の社会主義体制の導入 ・金日成中心の独裁体制定着　・主体思想
言語政策	社会教育	・識字運動 ・漢字廃止政策 ・文化語政策 (固有語への置き換え)
	学校教育	・1947 年－ 1948 年　漢字併用 ・1949 年以降　完全ハングル専用 ・1966 年　漢字教育復活 ・1970 年　漢字数 3,000 指定 　（小・中学校- 技術学校 :2,000 字程度、大学 :1,000 字程度）
学術団体の関与		朝鮮語学会 ・識字教育及び漢字廃止政策 ・朝鮮語新綴字法 ・「朝鮮語文法」と「朝鮮語辞典」を公刊 ・文化語政策
北朝鮮社会の現実		・1949 年に漢字廃止政策実施により完全ハングル表記への置き換え
李承晩の言語表記 の使用傾向		漢字混用

* 筆者作成

いない。そのため、金日成政権期の初期は識字教育とともに漢字廃止政策が同時に行われた。この結果、北朝鮮社会では漢字表記が消滅し、残りの共同体も自然に朝鮮語共同体となった。

　ところが 1964 年や 1966 年の金日成の教示により「文化語」政策が具体化され、朝鮮語共同体は新しい局面を迎える。文化語政策は、固有語使用を推進する政策で、単にハングル表記を使用するだけではなく、漢字語や外来語に対しても固有語に置き換える政策であった。北朝鮮では絶対権力者の言葉が全てであるため、この政策は速やかに北朝鮮社会に浸透し、韓国語とは異なる固有語共同体として新しく形成されるようになった。

第2節　朝鮮半島の事例からみる消滅危機言語の保全要因

　第1章から第4章まで朝鮮半島の事例を取り上げ、消滅危機言語がどのように保全されてきたのかを明らかにした。朝鮮半島は解放後、全く異なる国家体制をとる2つの国家に分かれてしまった。両国は分断されても一定期間は同一のハングル共同体を維持した。ところが時間の経過に伴い、両国の言語政策には違いが生まれたのである。

　朝鮮半島における「言語政策」「学術団体の言語政策関与」「絶対権力者個人の言語表記使用傾向」などの分析に基づき、消滅危機言語であったハングル表記が保全できた要因について「肯定的要因」と「否定的要因」に指摘できる。

　まず「肯定的要因」として、第一に、絶対権力者が個人的言語表記の使用傾向を言語政策に反映することを求めなかったことが挙げられる[26]。絶対権力者は国家における絶対的な権力を持つ存在であるため、言語政策に権力者の個人的言語表記の使用傾向を反映することは十分に可能である。しかし、絶対権力者は個人的言語表記の使用傾向を言語政策に強要せず、「公」と「私」を分けて言語政策を推進したのである。このことについては主体思想を持つ北朝鮮の金日成政権も同様で、金日成個人の言語表記の使用傾向を言語政策に強要しなかった。

　第二に、絶対権力者は学術団体などの対立を避ける政策を採ったことが挙げられる。韓国では、絶対権力者が言語政策を推し進める上で、学術団体の影響力を無視できなかった。完全ハングル専用政策を推進した朴正熙は、厳格さのない政策から強化政策、更には宥和政策に移行した。

　特に宥和政策の段階では、学術団体との対立を避け、言語表記単一化政策を成功に導いた。強化政策の時期においては完全ハングル専用政策を実施したが、政策に対する批判の声が高まり、順調に進むことができなかった。そこでその批判の声を抑える方策として導入されたものが、学校教育における中学校以上の教育課程での漢字併用政策であった。学校教育では完全ハングル専用政策が実施されていたため、学校教育における政策の変更は漢字混用側にとって反対する理由はなかった。一方で、ハングル専用側も小学校の教育課程では以前の政策の通りであったため、こちらも政策の変更に反対はなかった。

　第三に、言語政策を実行する際「学校教育」を最も重視し、さらに義務教育制度を有効的に活用したことが挙げられる[27]。韓国は、1970 年から 1975 年まで小学校・中学校・高校の国語教科書を完全ハングル表記として採用していたが、その後、中学校・高校の教育課程における選択科目として「漢文」科目を導入した。その決定に漢字混用共同体からの議論はなかった。しかしながら、漢文科目を中学校以降の教育課程に採用しても中学校以降の教育課程は義務教育ではないため、韓国人共同体が中学校や高校まで進学しない限り、漢字表記に接する機会がなかった。その結果、これまでのハングル専用政策の推進において特に影響を与えることはなかったのである。むしろ、ハングル共同体は増加する一方で徐々に韓国社会に広まり、韓国における現在の言語表記使用はハングル表記であり、案内標識などの漢字表記が必要な場合、括弧に入れて表記している。

　義務教育制度を有効に活用したことは北朝鮮も同様である。1964 年の金日成の教示の中で、「固有語を大衆へ迅速に広げるためには、教育部門、特に小学校から行う」と示し、学校教育が重視された。小学校に言及したのは、小学校の義務教育制度を 1956 年に初めて設けたことに関連する。

　北朝鮮の現状について詳述すれば、北朝鮮では現在漢字表記が禁止されている。日常生活や社会においてもハングル表記のみが使用されているとされているが、漢字教育も行われている。その実態は 1987 年 2 月 13 日、北朝鮮亡命者金萬鐵の末の息子である金光戸（当時 11 歳）のインタビューにより明らかになった。

　金光戸は高等中学校[28] 中等班 1 年生（日本の小学校 5 年生に該当）で、「漢字で名前を書くことが出来る」と証言し、直接自分の名前の漢字を「臾光、집戸」と書いて見せたのである。ここで注目すべきことは漢字の読み方である。通常「戸」の字は、とかんむりを意味する「지게」などの読み方をするのが一般的だが、金光戸は、家を意味する「집」の読み方をしたのである。家を意味する「집戸」の読み方は、北朝鮮の常用漢字 3000 字に規定されていた読み方であり、実際常用漢字 3000 字は 10 歳から 7 年間、教科書の音読み訓読みだけでなく、書き・部首、六書、字源などにわたって教えられている[29]。金光戸の事例に見ら

れるように、徹底した教育体制が有効に機能していると言える。

　次に「否定的要因」として、言語政策を行う上で学術団体が否定的な影響力を及ぼしたことが挙げられる。「肯定的要因」の「第二」で述べた通り、韓国では絶対権力者が言語政策を推し進める上で、学術団体の影響力を無視できなかった。言語政策を行う際に学術団体の意見を受け入れることは必要であり重要である。しかし、韓国語表記の漢字語の問題により、学術団体はハングル専用または漢字使用（漢字混用・漢字併用）のどちらを採用するのかという案件に対立が見られ、頻繁に言語政策に関与した。これにより、一貫した言語共同体の形成までに必要以上に時間がかかる否定的な影響を及ぼした。

　以上から消滅危機言語の保全要因を述べたが、これらの背景には日本植民地期に出現した朝鮮人共同体の朝鮮語に対する認識から始まり、言語政策がいくたびも変更されたことを念頭に置く必要がある。そのため、まずは消滅危機言語を保全するためには、言語共同体の言語に対する認識が土台となり、その上に上記の要因によって消滅の危機にあった言語を保全することができたと言える。

　そして韓国語のもう一つの言語表記である漢字表記について言及すれば、ハングル専用政策によって、現在の韓国人共同体はハングル共同体に完全に移行している。それでも漢字語が含まれている韓国語の語彙構成の特徴により、漢字表記は韓国社会で完全に取り除かれることなく、漢字部分併用のハングル専用政策として保全されている。さらに学校教育においても、教育機関が自主的に漢字教育を実施することもあり、漢字表記は保全されていると言える。これは、漢字排除政策の中、漢字教育を唯一学校教育で実施した北朝鮮も同様に漢字表記を保全していると言える。漢字であれハングルであれ持続的な教育によってより保全が可能であることがこれらの漢字表記に対しても推論することができる。

　本書は理論的には、アンダーソンの「想像の共同体」の議論を手掛かりとし、言語共同体の形成過程での市民社会レベルの動向と権威主義体制下での絶対権力者の役割の相互作用を論じた。しかし、アンダーソンは本書で論じた「言語表記」のほかに「言語（話ことば）」が共同体形成に重要だと考えている。韓国で

は、民主化によって市民社会の台頭が著しかった。そのため民主化以降の「言語（話ことば）」の舞台となる一般市民の日常言語との相互作用については、今後における研究課題とする。

〈注〉

1) 本名は김성주（キム ソンジュ）で、漢字名は「金成柱」もしくは「金聖柱」であるとされ、資料によって表記が異なる。

2) 主体思想とは、革命と建設のすべての問題を自国の実情に合わせ、主に自力で解決していく原則を堅持することを意味し、自主性の実現を唱えている。但し、人民は自主性を実現するために、必ず首領の正しい指導を受けなければならないとし、首領に対する忠実性が主体の確立の要点になるとされている。

3)「千里馬運動」について、朝鮮民主主義人民共和国社会主義憲法の第 1 章政治第 13 条に示されている。

4)「통일부 북한정보포털（統一部北朝鮮情報ポータル）」参照（https://nkinfo. unikorea. go.kr/nkp/term/viewNkKnwldgDicary.do?pageIndex=1&dicaryId=194 検索日 :2019.10.2）。

5) イ・サンオク「北朝鮮の語彙研究 / 辞典編纂 : 韓国との同質性回復のための基礎研究」『語学研究』28 巻 3 号、ソウル大学言語教育院、1992 年、p.605。

6) キム・ハス「北朝鮮の国語政策」『初等ウリ教育』1990 年、pp.142-143。

7) イ・デソン「解放直後の北朝鮮の文字政策」『人文科学研究論叢』37 巻 1 号、明知大学人文科学研究所、2016 年、p.45。

8) 同上、p.46。

9) 同上、p.47-48。

10) 労働者向けの宣伝教養紙。

11) 同上、p.50。

12) 金日成「朝鮮語を発展させるためのいくつかの問題」『金日成著作集 18（1964.1-1964.12）』朝鮮労働党出版社、1982 年、p.15。

13) 金日成「朝鮮語の民族的特性を正しく活かすことについて」『金日成著作集 20（1965.11-1966.12）』朝鮮労働党出版社、1982 年、p.343。

14）金日成「朝鮮語の民族的特性を正しく活かすことについて」『金日成著作集 20（1965.11-1966.12）』朝鮮労働党出版社、1982 年、pp.348-349。

15）ジン・ジェギョ「北朝鮮の漢字文化とその社会文化的意味」亜細亜研究 45（4）、高麗大学亜細亜問題研究所、2002 年、pp.69、再引用。

16）イ・デソン（2016）、前掲論文、pp.57-60。

17）韓国民族文化大百科辞典「朝鮮語文研究会」（http://encykorea.aks.ac.kr/　Contents/Item/E0079262　検索日 :2019.10.11）

18）「ハングル学会」ホームページ（https://www.hangeul.or.kr/modules/bbs/index.php?code=bbs14&mode=view&id=23&page=5&___M_ID=167&sfield=&sword=　検索日：　2019.10.11）。

19）イ・デソン（2016）、前掲論文、p.51 再引用。

20）同上、p.51 再引用。

21）同上、p.52 再引用。

22）同上、p.52 再引用。

23）金日成（1982）、前掲書、p.14。

24）金日成（1982）、前掲書、p.23。

25）金日成（1982）、前掲書、p.24。

26）ただし、李承晩大統領は例外とする。韓国の言語共同体形成過程の中で李承晩大統領は、ハングル表記の中でさらに李承晩個人の言語表記の使用傾向（旧綴字法）を反映しようとした。だが反映することができず、現綴字法のハングルによるハングル専用推進政策に方向を変えた。

27）李承晩政権は義務教育制度を有効に活用していない例である。それにより、李承晩政権においては言語共同体を形成することができず、ハングル共同体の形成は朴正煕政権期になるまで待たざるを得なかったと推論される。

28）2002 年に高等中学校は中学校に、人民学校は小学校に変更された。

29）金敏洙「北朝鮮の漢字教育」『新国語生活第 9 巻第 2 号（99 年夏）』、国立国語院、1999 年、p.93。

あとがき

　本書は 2019 年 10 月に立命館大学大学院国際関係研究科の博士後期課程において提出した学位論文を一部加筆、修正を行ったもので、「立命館大学大学院博士論文出版助成制度」を受けて出版されたものである。

　学位論文を執筆するにあたって、多くの方々にご支援いただき出版までに至る運びとなった。指導教授である立命館大学国際関係研究科教授の中戸祐夫先生には、修士課程で日本語教育学専攻であった筆者を快く受け入れてくださり、言語政策研究において研究の焦点を一つに絞りきれず苦労したときや、研究において行き詰まり途中から研究テーマを変更したとき、そして再び元の研究テーマである言語政策研究に戻したときも、筆者を信頼して下さり温かい御言葉で最後までご支援ご指導を賜わった。深く感謝申し上げる。

　副査の特任教授である文京洙先生には博士課程に入学当初から大変お世話になった。博士課程に入学してしばらく経ったある日、修士課程で日本語教育学が専攻であった筆者に、教育学視点から研究資料を収集し分析してしまう傾向があることを厳しくご指摘を頂いた。それ以来、研究に関しての相談をお願いに伺う際、とても緊張しながら文先生の研究室にお伺いすると優しい御言葉で助言をいただき、参考資料も教えていただいたことがあった。文先生はアルバイトを並行しながら研究を行った筆者のことを心配してくださり、お忙しい中でも快くご相談ご指導を賜わった。深く感謝申し上げる。

　ナショナリズムは一般的にも広く語られているが、ナショナリズムについて厳密に定義することはとても困難である。そのため本書における言語表記に関わる国民共同体について、どの理論で記述していくべきか大変苦悩した。その時、立命館大学国際関係研究科教授の中本真生子先生にアンダーソンの『想像の共同体』理論でアプローチすることを提案して頂き、本書の朝鮮半島における言語表記単一化政策やそれに関わる国民共同体についての理論として読者の方々にもわかりやすく、本書の論ずる視点にとても合致するアンダーソンの『想像の共同体』理論を取り入れるように中本先生にご指導賜った。深く感謝申し

上げる。

　京都市住宅供給公社京安心住まいセンターの趙賢株氏には博士論文執筆の際、刺激的な議論やご指導して頂いた。工学博士の趙氏は研究問題をどのように捉え、解決するのか。そして分析枠組みなどにおいても筆者が思考整理することが出来ず、研究が行き詰まった時に常に相談に乗って下さりご指導頂いた。論文執筆で苦労している筆者を励ましのお言葉とプレゼントで応援していただき、深く感謝申し上げる。

　ソウル教育大学校国語教育科 Won Jinsook 教授には、筆者の研究分野である言語表記単一化政策に関する既存研究の限界についてご存知であられ、ご相談いただいた。Won 先生と話し合いながら本研究を行う意義を明確にするきっかけとなり、最後まで学位論文の執筆をやり遂げることが出来た。深く感謝申し上げる。

　ハングル学会では責任者の方とのインタビューや資料の提供を頂いた。また、本研究を行う際、立命館大学大学院から国際的研究活動促進研究費を頂き、現地調査および資料収集することが出来た。深く感謝申し上げる。

　育児の大変さの中で喜んで筆者と徹夜しながら日本語のチェックをしてくれた田村芙美子氏を含め、神田外語大学留学生別科の村上智子講師、国際関係研究科博士課程後期課程の後輩 Jang Youngjoo 氏、山口達也氏、コリア研究センターの生駒智一客員研究員、同志社大学大学院文学研究科修了生の柴田広史氏にご協力頂いた。また、本書の刊行にあたってアジア人材研究所の南玉瓊講師、インマヌエル宣教教会の李孝蓮宣教師、故郷の家の村山和寛氏、四国学院大学社会福祉学部の金松美助教、同志社大学神学研究科の尹相優氏にご協力頂いた。皆様に心より御礼申し上げる。

　そして、本書の出版の機会を下さった創土社の増井暁子氏に心より深く御礼申し上げる。

　ここでは言及できなかったが本書の執筆に際して多くの方々に関心を持っていただき、ご支援頂いた。ご支援頂いた全ての方々に心より御礼申し上げる。本書は筆者の力不足により、誤った解釈や説明不十分な点があることは避けられない。共に学び合いながら進歩していくために皆様のご批判とご指導をいた

だければ幸いである。私事になるが、博士論文執筆や出版に至るまで、日頃から支えてくれている家族全員に心から感謝する。最後になったが、本書の刊行に至るまで主からの恵みを賜った。主なる神様に感謝し、本書を捧げる。

2020 年 5 月 29 日 長閑な昼下がりの京都で

李善英

参考文献

日本語文献（五十音順、原本は括弧して表記する）

A. マルティネ 編著、伊東英他（共訳）『言語学辞典』大修館書店、1972 年。

井上薫「日本帝国主義の朝鮮に対する教育政策：第一次朝鮮教育令の成立過程
　　　　における帝国教育会の関与」『北海道大学教育学部紀要』62 巻第 62
　　　　号、北海道大学教育学部、1994 年、pp.193-211。

井上啓子・二宮民江「植民地における言語政策 I －（1）：韓国の日本語化政策の
　　　　実態」

『長崎純心大学紀要』34 巻、1997 年、pp.117-127。

李善英「植民地朝鮮における言語政策とナショナリズム－朝鮮総督府の朝鮮教
　　　　育令と朝鮮語学会事件を中心に－」『立命館国際研究』25 巻 2 号、立
　　　　命館大学国際関係学会、2012 年、pp.145-169。

　　　　　「韓国における漢字廃止政策－李承晩政権期を中心に－」『立命館国際研
　　　　究』30 巻 2 号、立命館大学国際関係学会、2017 年、pp.117-143。

イ・ヨンスク『「国語」という思想－近代日本の言語認識』岩波書店、1996 年。

岩月純一「近代ベトナムにおける「漢字」の問題」『漢字圏の近代－ことばと国
　　　　家』

財団法人東京大学出版会、2005 年、pp.131-148。

上田万年『国語のため』平凡社、2011 年。

梅森直之編『ベネディクト・アンダーソン　グローバリゼーションを語る』光文
　　　　社、2007 年。

拝田清「ベトナムの言語教育政策－ CEFR の受容と英語教育、そして少数民族語
　　　　－」科学研究費補助金　基盤研究 B　研究プロジェクト報告書『EU
　　　　および日本の高等教育における外国語教育政策と言語能力評価シス
　　　　テムの総合的研究』2012 年、pp.13-21。

大澤宏紀「朝鮮総督府による「朝鮮語」教育－第 1 次・第 2 次朝鮮教育令下の普
　　　　通学校を中心に－」『教育史・比較教育論考』19 巻第 19 号、北海道

　　　　大学大学院教育学研究院教育史・比較教育研究グループ、2009 年、
　　　　pp.1-15。

大澤真幸・姜尚中編『ナショナリズム論・入門』有斐閣アルマ、2009 年。

金両基『ハングルの世界』中央公論社、1984 年。

近藤時司「朝鮮に於ける国語教育と社会教育」

『文教の朝鮮』7 月号、朝鮮教育会、1940 年、pp.82-85。

下中直人『世界大百科事典 18』平凡社、1988 年。

新村出編『広辞苑』第四版、岩波書店、1991 年。

J.A. フィシュマン（湯川恭敏訳）『言語社会学入門』大修館書店、1974 年。
　　　　（Joshua A. Fishman, *The Sociology of Language*, Newbury House Pub-
　　　　lishers, 1972.）

竹端瞭一「朝鮮の言語政策―ハングル専用・漢字廃止をめぐって―」『武蔵野女
　　　　子大学紀要』5 巻 10 号、武蔵野女子大学文化学会、1970 年、pp.36-58。

田中克彦／ H. ハールマン『現代ヨーロッパの言語』岩波書店、1985 年。

田中春美他編『現代言語学辞典』成実堂、1988 年。

田原洋樹「ベトナム社会主義共和国の言語状況に関する一考察」『日本大学大学
　　　　院総合社会情報研究科紀要』第 7 号、2006 年、pp.171-177。

大学教育社編『新訂版現代政治学事典』ブレーン出版、1998 年。

朝鮮総督府『朝鮮総督府施政三十年史』名著出版、1972 年。

朝鮮総督府（編）『朝鮮総督府帝国議会説明資料』第 10 巻、不二出版、1994 年。

土屋健治『第 6 巻東南アジアの思想』弘文堂、1990 年。

豊田国夫『民族と言語の問題』錦正社、1964 年。

内藤暁子「『守られる』言葉に未来はあるか」『言葉と文化・文学』御茶の水書房、
　　　　2001 年。

中川仁『戦後台湾の言語政策－北京語同化政策と多言語主義』東方書店、2009 年。

長尾龍一編『カール・シュミット著作集 I 1922-1934』慈学社、2007 年。

長志珠絵『近代日本と国語ナショナリズム』吉川弘文館、1998 年。

奈良毅「インドにおける「危機言語」に関する研究」『南アジア研究』第 19 号、日
　　　　本南アジア学会、2007 年、pp.106-113。

野間秀樹『ハングルの誕生　音から文字を創る』平凡社、2010 年。

藤田剛正「第 4 章多民族国家ベトナム、ラオス、カンボジアの言語政策－憲法に
　　　　見るその理念－」『世界の言語政策－多言語社会と日本－』くろしお
　　　　出版、2002 年、pp.99-127。

藤井久美子『近現代中国における言語政策』三元社、2003 年。

ブルームフィールド（三宅鴻・日野資純訳）『言語』大修館書店、1965 年。
　　　　　　（Leonard Bloomfield, *LANGUAGE*, New York:Holt, 1933.）

フロリアン・クルマス（山下公子訳）『言語と国家－言語計画ならびに言語政策
　　　　の研究－』岩波書店、1987 年。（Florian Coulmas, *Sprache Und Staat* ,
　　　　Sammlung Gaschen, 1985.）

＿＿＿＿＿＿＿＿（斉藤伸治訳）『文字の言語学－現代文字論入門』大修館書店、
　　　　2014 年。

文化庁『国語施策百年史』ぎょうせい、2006 年。

B. アンダーソン（白石さや・白石隆訳）『想像の共同体－ナショナリズムの起源
　　　　と流行』NTT 出版、1997 年。
　　　　（Benedict, Anderson, *Imagined communities: reflections on the origin and
　　　　spread of nationalism, London*:Verso,1983.）

松尾慎「台湾における言語選択と言語意識に関する予備考察」『日本学と台湾学』
　　　　第四号、静宜大学日本語文学系紀要、2005 年、pp.20-36。

三浦信孝・糟谷啓介『言語帝国主義とは何か』藤原書店、2000 年。

三ツ井崇『朝鮮植民地支配と言語』明石書店、2010 年。

安田敏明『植民地のなかの「国語学」』三元社、2001 年。

山田寛人「植民地朝鮮における近代化と日本語教育」『日韓歴史協同研究報告書
　　　　（第 2 期）　第 3 分科会（近現代史）篇、第 2 章近代化』日韓文化交流
　　　　基金、2010 年。

山辺健太郎『日本統治下の朝鮮』岩波書店、1971 年。

ルイ＝ジャン・カルヴェ（西山教行訳）『言語政策とは何か』白水社、2000 年。

＿＿＿＿＿＿＿＿(砂野幸稔訳)『言語学と植民地主義ことば喰い小論』三元社、
　　　　2006 年。

＿＿＿＿＿＿＿＿＿＿＿（砂野幸稔他訳）『言語戦争と言語政策』三元社、2010 年。
（Louis-Jean CALVET, *LA GUERRE DES LANGUES*:ET LES
POLITIQUES LINGUISTIQUES, 1987.）

レオ・ヴァイスゲルバー（福田幸夫訳）『母語の言語学』三元社、1994 年。（Leo,
Weisgerber, *Das Meschheitsgesetz der Sprache*. Zweite, neubearbeitete
Auflage. Heidelberg: Quelle & Meyer Verlag, 1964.）

韓国語文献（가나다順、漢字表記の著者の場合、そのまま表記する。）강진호외,
국어교과서와 국가 이데올로기, 도서출판 글누림, 2007 년. （カン・ジノ
他『国語教科書と国家イデオロギー』図書出版クルヌリム、2007
年。）

강희령, 국민학교 한자교육의 실태 및 개선에 관한 연구, 계명대학교 교육대학원 석
사학위논문, 1995 년.
（康熙龍「国民学校漢字教育の実態及び改善に関する研究」啓明大学教育大学院、
修士学位論文、1995 年。）

고길섶외, 민족의 언어와 이데올로기, 박이정, 2010 년. (コ・ギルソプ他『民族の
言語とイデオロギー』バギジョン、2010 年。)

국립국어원, 국제언어정책 비교연구, 독수리사, 2010 년. (国立国語院『国際言語
政策比較研究』、トクスリ社、2010 年。)

金東冕, 協成會의 思想的研究, 史学志 15 권, 단국사학회, 1981 년, pp.67-104. （金
東冕「協成会の思想的研究」『史学志』15 巻、壇国史学会、1981 年、
pp.67-104。）

金敏洙, 北韓의 言語政策, 亜細亜研究（第 48 号）, 아시아문제연구소, 1972 년,
pp.1-53.
（金敏洙「北朝鮮の言語政策」「亜細亜研究（第 48 号）」亜細亜問題研究所、1972
年、pp.1-53。）

――― , 북한의 한자 교육, 새국어생활 제 9 권 제 2 호 （'99 년 여름）, 국립국어원,
1999 년, pp.93-124.
（―――「北朝鮮の漢字教育」『新国語生活第 9 巻第 2 号 （99 年夏）』、国立国
語院、1999 年、pp.93-124。）

김상필 , 석인선생과 조선어학회 수난 사건 , 나라사랑 제 99 집 , 외솔회 , 1999 년 ,
　　　 pp.154-175.

（キム・サンピル「石人先生と朝鮮語学会受難事件」『ナラサラン』第 99 集、ウェ
　　　ソル会、1999 年、pp.154-175。）

김영환 , 미 군정과 이승만 정부의 말글정책 − 한글 전용 정책을 중심으로 − , 나라사
　　　랑 제 115 집 , 외솔회 , 2009 년 , pp.5-38.

（キム・ヨンファン「米軍政と李承晩政府の言葉政策 − ハングル専用政策を中心
　　　に − 」『ナラサラン第 115 集』ウェソル会、2009 年、pp.5-38。）

김인선 , 개화기 이승만의 한글운동 연구 , 한국기독교역사연구소소식 제 40 호 , 한국
　　　기독교역사연구소 , 2000 년 , pp.3-13.

（キム・インソン「開化期李承晩のハングル運動の研究」『韓国キリスト教歴史
　　　研究所便り（40）』韓国キリスト教歴史研究所、2000 年、pp.3-13。）

김원길 , IT 타이거 국기 태권도 ! 체력은 국력이다 , 관성문화사 , 2011 년 .

（キム・ウォンギル『(IT タイガー国旗テクォンド！体力は国力である』クァン
　　　ソン文化社、2011 年。）

金昌辰 , 政治的으로 展開돼 온 한글専用 運動 , 국제어문학회 학술대회 자료집 , 국
　　　제어문학회 , 2009 년 , pp.65-79.

（金昌辰「政治的に展開されてきたハングル専用運動」『国際語文学会学術大会
　　　資料集』国際語文学会、2009 年、pp.65-79。）

김하수 , 북한의 국어정책 , 초등우리교육 , 1990 년 , pp.142-147.

（キム・ハス「北朝鮮の国語政策」『初等ウリ教育』1990 年、pp.142-147。）

김혜승 , Ⅴ. 갑오개혁의 민족주의적 평가에 기초한 ‘한말민족주의 전체상’ 에 대한 재
　　　검토 , 한국정치외교사논총 제 11 집 , 한국정치외교사학회 , 1994 년 ,
　　　pp.161-204.

（キム・ヘスン「Ⅴ . 甲午改革の民族主義的評価に基づいた「大韓帝国末期民族
　　　主義の全体像」に対する再検討」韓國政治外交史論叢 第 11 輯、韓国
　　　政治外交史学会、1994 年、pp.161-204。）

金惠貞 , 일제 강점기 ‘朝鮮語 教育’ 의 意圖와 性格 , 어문연구 제 31 권 제 3 호 통권
　　　제 119 호 , 한국어문교육연구회 , 2003 년 , pp.431-455.

（金惠貞「日帝強占期「朝鮮語教育」の意図と性格」『語文研究』第 31 巻第 3 号
　　　通巻第 119 号、韓国語文教育研究会、2003 年、pp.431-455。）

노대규, 한글과 한자의 사용 비율의 변화, 연세대 梅芝 論叢, 1989 년, pp.1-40.

（ノ・デギュ「ハングルと漢字の使用比率の変化」延世大学、梅芝論叢、1989 年、
　　　pp.1-40。）

苗春梅, 한국 언어 정책의 변화와 한글·한자의 혼용, 한자한문연구 제 6 호, 고려대
　　　학교 한자한문연구소, 2010 년, pp.309-326.

（苗春梅「韓国言語政策の変化とハングル・漢字の混用」『漢字漢文研究』第 6 号、
　　　高麗大学漢字漢文研究所、2010 年、pp.309-326。）

문화연대·민주노동당·전국국어교사모임, 언어정책 60 년 평가와 언어정책 개혁의
　　　방향 : 공개정책토론회, 문화연대, 2003 년.

（文化連帯・民主労働党・全国国語教師会「言語政策 60 年評価と改革の方向」
　　　公開政策討論会、文化連帯、2003 年。）

閔寬植, 한글 専用政策과 朴大統領, 한글한자문화 2 권, 전국한자교육추진총연합회,
　　　1999 년, pp.15-19.

（閔寬植「ハングル専用政策と朴大統領」『ハングル漢字文化』2 巻、全国漢字
　　　教育推進総連合会、1999 年、pp.15-19。）

閔丙俊, 解放以後 文字政策　研究 : 한자문제를 중심으로, 인하대학교 대학원, 국어
　　　국문학 석사학위논문, 1983 년.

（閔丙俊「解放以後文字政策研究 : 漢字問題を中心に」仁荷大学大学院、国語国
　　　文学修士学位論文、1983 年。）

민현식, 한자논쟁의 사회·정치·문화적 의미와 어문정책, 아세아연구 45 권 4 호,
　　　고려대학교 아세아문제연구소, 2002 년, pp.9-59.

（ミン・ヒョンシク「漢字論争の社会・政治・文化的意味と語文政策」『亜細亜
　　　研究』45 巻 4 号、高麗大亜細亜問題研究所、2002 年、pp.9-59。）

박성진·이승일, 조선총독부 공문서 – 일제시기 기록관리와 식민지배, 역사비평사,
　　　2007 년.

（パク・ソンジン、イ・スンイル『朝鮮総督府公文書 - 日帝時期記録管理と植民
　　　支配』歴史批評社、2007 年。）

박정희, 국가와 혁명과 나, 하면된다! 떨쳐 일어나자, 동서문화사, 2005 년 (朴正熙
　　　「国家と革命と私」『やればできる！立ち上がろう』東西文化社、2005
　　　年。)

_____, 한국 국민에게 고함, 동서문화사, 2005 년 .

(朴正熙『韓国国民に告ぐ』トンソ文化社、2005 年。)

박용규 , 해방 후 한글운동에서의 이극로의 위상 , 東洋學 제 45 집 , 단국대학교 동양학
　　　연구원 , 2009 년 , pp.139-158.

(パク・ヨンギュ「解放後ハングル運動でのイグクロの位相」『東洋学』第 45 輯、
　　　檀國大学東洋学研究院、2009 年、pp.139-158。)

박찬승, 20 세기 韓國 國家主義의 起源, 한국사연구 117, 한국사연구회, 2002 년,
　　　pp.199-246.

(パク・チャンスン「20 世紀韓国国家主義の起源」『韓国史研究』117、韓国史研
　　　究会、2002 年、pp.199-246。)

박천서, 〈공문서의 한글전용에 관한 법〉소고, 어문연구 26 (3) , 한국어문교육연구
　　　회,

1998 년, pp.216-220.

(パク・チョンソ「『公文書のハングル専用に関する法』小考」『語文研究 26
　　　（3）』

韓国語文教育研究会、1998 年、pp.216-220。)

徐康和, 巻頭言 : 한글학회는 憲法 9 條를 背逆－한글전용은 科學教育의 癌이다－,
　　　한글한자문화 85 권, 전국한자교육추진총연합회, 2006 년, pp.12-13.

(徐康和「ハングル学会は憲法 9 条に背いた－ハングル専用は科学教育の癌だ
　　　－」『ハングル漢字文化』85 巻、全国漢字教育推進総連合会、2006 年、
　　　pp.12-13。)

서중석, 이승만과 제 1 공화국－해방에서 4 월 혁명까지, 역사비평사, 2007 년. (ソ・
　　　ジュンソク『李承晩と第 1 共和国- 解放から 4 月革命まで-』歴史批評
　　　社、2007 年。)

신기욱, 한국 민족주의의 계보와 정치, 창비, 2009 년 .

(シン・キウク『韓国民族主義の系譜と政治』チャンビ、2009 年。)

安鍾汶, 文字政策과 民族文化 發展의 責任, 어문연구 3 권 1 호, 한국어문교육연구회, 1975 년, pp.52-67.

（安鍾汶「文字政策と民族文化発展の責任」『語文研究』3 巻 1 号、韓国語文教育研究会、1975 年、pp.52-67。）

安載澈, 國民學校에서의 漢字敎育의 實態와 效果的 指導方法, 어문연구 19 권 2 ,3 호 통합본호, 한국어문교육연구회, 1991 년, pp.265-286.

（安載澈「国民学校での漢字教育の実態と効果的指導方法」『語文研究』19 巻 2、3 号統合本号、韓国語文教育研究会、1991 年、pp.265-286。）

야마다 간토, 식민지 조선에서의 근대화와 일본어 교육, 제 2 기 한일역사공동연구보고서 제 4 권, 2010 년, pp.237-268.

（山田寛人「植民地朝鮮における近代化と日本語教育」『第 2 期日韓歴史共同研究報告書第 4 巻』2010 年、pp.237-268。）

양성모, 두산세계대백과사전, 두산동아, 1996 년.

（ヤン・ソンモ『斗山世界大百科辞典』斗山東亜、1996 年。）

양창용, 언어부흥 사례를 통한 소멸위기 언어의 이해, 언어학연구 23 권 2 호 2018 년, pp.93-112.

（ヤン・チャンヨン「言語復興の事例を通じた危機に瀕する言語の理解」『言語学研究』23 巻 2 号、2018 年、pp.93-112。）

역사비평 편집위원회, 논쟁으로 본 한국사회 100 년, 역사비평사, 2000 년.

（『歴史批評』編集委員会『論争で見た韓国社会 100 年』歴史批評社、2000 年。）

오영섭, 1950 년대 전반 한글파동의 전개와 성격, 사학연구 제 72 호, 한국사학회, 2003 년, pp.133-174.

（オ・ヨンソプ「1950 年代前半のハングル波動の展開と性格」『史学研究』第 72 号、韓国史学会、2003 年、pp.133-174。）

유병용외, 한국현대사와 민족주의, 집문당, 1996 년.

（ユ・ビョンヨン他『韓国現代史と民族主義』集文堂、1996 年。）

유홍렬, 한국사 대사전, 고려출판사, 2002 년.

（ユ・ホンヨル『韓国史大事典』高麗出版社、2002 年。）

윤용수・최춘식, 지중해 언어의 만남, 산지니, 2015 년.

（ユン・ヨンス、チェ・チュンシク『地中海言語の出会い』サンジニ、2015 年。）

李庸周, 우리나라 文字政策과 教育, 정신문화연구 통권 제34호, 1988 년, pp.49-66.

（李庸周「韓国の文字政策と教育」『精神文化研究』通巻第 34 号、1988 年、
pp.49-66。）

이관규, 국어 정책과 국어 교육 정책의 현황과 방향, 국어교육연구 제 28 집, 서울대
학교 국어교육연구소, 2011 년, pp.145-183.

（イ・グァンギュ「国語政策と国語教育政策の現況と方向」『国語教育研究』第
28 集、ソウル大学国語教育研究所、2011 年、pp.145-183。）

李敦錫, 1972 年漢文教科位相変化에 對한 断想, 한자한문교육 제 23 집, 한국한자
한문교육학회, 2009 년, pp.213-238.

（李敦錫「1972 年漢文教科位相変化に対する断想」『漢字漢文教育第 23 輯』韓
国漢字漢文教育学会、2009 年、pp.213-238。）

이대성, 광복 직후 북한의 문자정책 ,인문과학연구논총 37 권 1 호, 명지대학교 인문
과학연구소 ,2016 년, pp.43-65.

（イ・デソン「解放直後の北朝鮮の文字政策」『人文科学研究論叢』37 巻 1 号、
明知大学人文科学研究所、2016 年、pp.43-65。）

이상억, 북한의 어휘연구／사전편찬 : 남한과의 동질성 회복을 위한 기초 연구, 어학
연구 28 (3) , 서울대학교 언어교육원, 1992 년, pp.599-619.

（イ・サンオク「北朝鮮の語彙研究／辞典編纂：韓国との同質性回復のための基
礎研究」『語学研究』28 (3) 、ソウル大学言語教育院、1992 年、pp.599-
619。）

李源台, [10 월의 인물] 우리말・글 발전에 몸바친 최현배, 지방행정 42 권 480 호,
대한지방행정공제회, 1993 년, pp.105-111.

（李源台「『10 月の人物』韓国語・字の発展のため身を尽くした崔鉉培」地方行
政 42 巻 480 号、大韓地方行政共済会、1993 年、pp.105-111。）

李在一, 우리나라 文字政策과 漢字教育 研究－教科書에서의 漢字表記를 中心으
로－, 明知大学校 教育大學院 修士学位論文、1998 年 .

（李在一「韓国の文字政策と漢字教育の研究－教科書での漢字表記を中心に－」
明知大学教育大学院修士学位論文、1998 年。）

이향규, 북한 사회주의 보통교육의 형성 :1945-1950, 서울대학교 대학원 박사학위논문, 2000 년 .

（イ・ヒャンギュ「北韓社会主義の普通教育の形成 :1945-1950」ソウル大学大学院博士学位論文、2000 年。）

이혜령, 한글운동과 근대어 이데올로기, 역사비평 통권 71 호, 역사비평사, 2005 년, pp.337-355.

（李惠鈴「ハングル運動と近代語のイデオロギー」『歴史批評』通巻 71 号、歴史批評社、2005 年、pp.337-355。）

_____, 언어 법제화의 내셔널리즘 :1950 년대 한글간소화파동 一考, 대동문화연구 제 58 집, 성균관대학교출판부, 2007 년, pp.183-224.

（李惠鈴「言語法制化のナショナリズム :1950 年代のハングル簡素化波動一考」『大東文化研究』第 58 集、成均館大学出版部、2007 年、pp.183-224。）

임칠성, [2008 년 국어 분야별 동향] 국어 교육, 국어연감 2009, 국립국어원, 2009 년, pp.116-195.

（イム・チルソン「『2008 年国語分野別動向』国語教育」『国語年鑑 2009』国立国語院、2009 年、pp.116-195。）

장영희, 한자 교육의 실태와 방향, 국어교육연구 8 권, 서울대학교 국어교육연구소, 2001 년, pp.165-189.

（チャン・ヨンヒ「漢字教育の実態と方向」『国語教育研究』8 巻、ソウル大学国語教育研究所、2001 年、pp.165-189。）

張源柱, 우리나라 漢字교육정책에 관한 연구, 梨花女子大學校 教育大學院, 修士論文 ,1991.

（張源柱「韓国の漢字教育政策に関する研究」梨花女子大学教育大学院、修士論文、1991。）

정동환, 문자생활과 한글, 새국어생활 제 6 권 제 2 호, 국립국어연구원, 1996 년, pp.84-100.

（チョン・ドンファン「文字生活とハングル」『新国語生活』第 6 巻第 2 号、国立国語研究院、1996 年、pp.84-100。）

정준섭, 국어과 교육과정의 변천, 대한 교과서 주식 회사, 1995 년.

（チョン・ジュンソプ『国語科教育課程の変遷』大韓教科書株式会社、1995
　　　　年。）

정재환, 이승만 정권 시기 한글간소화파동 연구, 성균관대학교 대학원 석사학위논문,
　　　　2007 년.

（チョン・ジェファン「李承晩時期のハングル簡素化波動研究」成均館大学大学
　　　　院修士学位論文、2007 年。）

_____, 왜 이승만 대통령은 한글 간소화 파동을 일으켰나, (내일을 여는) 역사 제 32
　　　　호, 서해문집, 2008 년, pp.108-117.

（_____「なぜ李承晩大統領はハングル簡素化波動を起こしたのか」
　　　　『明日を開く歴史』第 32 号、ソヘ文集、2008 年、pp.108-117。）

_____, 해방 후 조선어학회 한글학회 활동 연구(1945-1957), 성균관대학교 대학원,
　　　　한국사학과 박사학위논문, 2012 년.

（_____「解放後の朝鮮語学会ハングル学会活動の研究（1945-
　　　　1957）、成均館大学大学院韓国史学科博士学位論文、2012 年。

정혜정·배영희, 일제 강점기 보통학교 교육정책연구― 1910 년 "매일신보(每日申
　　　　報）"

를 중심으로, 교육사학연구 14 권, 교육사학회, 2004 년, pp.165-192.

（チョン・ヘジョン、ペ・ヨンヒ「日帝強占期普通学校教育政策研究― 1910 年
　　　　代『毎日申報』を中心に―」『教育史学研究』Vol.14、教育史学会、2004
　　　　年、pp.165-192。）

조태린, 언어정책이란 무엇인가, 새국어생활 제 20 권 제 2 호, 2010 년, 국립국어원,
　　　　pp.117-131.

（チョ・テリン「言語政策とは何か」『新国語生活』第 20 巻第 2 号、2010 年、国
　　　　立国語院、pp.117-131。）

지수걸, 우리역사 바로알자 일제시기 브나로드운동, 재평가해야, 역사비평 통권 11
　　　　호, 역사비평사, 1990 년, pp.258-264.

（チ・スゴル「我々の歴史を正しく知ろう日帝時期ブナロード運動再評価する
　　　　べき」『歴史批評』通巻 11 号、歴史批評社、1990 年、pp.258-264。）

진재교, 북한의 한자문화와 그 사회문화적 의미, 아세아연구 45 (4) , 고려대학교 아
　　　　세아문제연구소, 2002 년, pp.61-88.

（ジン・ジェギョ「北朝鮮の漢字文化とその社会文化的意味」亜細亜研究 45 (4) 、
　　　　高麗大学亜細亜問題研究所、2002 年、pp.61-88。）

陳泰夏, 한글＋漢字문화 칼럼 : 잘못된 文字政策으로 인한 韓国文化의 危機－文字
　　　　政策의 과감한 改革은 経済도 살릴 수 있다－, 한글한자문화 31 권 2 호,
　　　　전국한자교육추진총연합회, 2002 년, pp.52-55.

（陳泰夏「ハングル＋漢字文化コラム：誤った文字政策による韓国文化の危機
　　　　－文字政策の果敢な改革は経済も立て直すことができる－」『ハング
　　　　ル漢字文化』31 巻 2 号、全国漢字教育推進連合会、2002 年、pp.52-
　　　　55。）

＿＿＿＿, 時論 : 朴正熙 大統領은 결코 한글 専用論者가 아니었다, 한글한자문화
　　　　159

권, 전국한자교육추진총연합회, 2012 년, pp.12-17.

（陳泰夏「時論：朴正熙大統領は決してハングル専用論者ではなかった」『ハン
　　　　グル漢字文化』159 巻、全国漢字教育推進総連合会、2012 年、pp.12-
　　　　17。）

최경봉외, 한글에 대해 알아야 할 모든 것, 책과함께, 2008 년 .

（チェ・ギョンボン他『ハングルについて知っておくべき全てのこと』本と共に、
　　　　2008 年。）

최경봉, 해방 후 국어 의식의 형성과 전개－어문민족주의적 국어의식의 계승과 변화
　　　　전략을 중심으로, 한국어학 74, 2017 년, pp.199-232.

（チェ・ギョンボン「解放後の国語意識の形成と展開- 語文民族主義的国語意識
　　　　の継承と変化の脈略を中心に-」『韓国語学』74、2017 年、pp.199-
　　　　232。）

최용기, 일제강점기의 국어정책, 한국어문학연구 제 46 집, 한국어문학연구학회,
　　　　2006 년, pp.9-32.

（崔溶奇「日帝強占期の国語政策」『韓国語文学研究』第 46 集、韓国語文学研究
　　　　学会、2006 年、pp.9-32。）

_____, 박정희정부의 말글정책, 나라사랑 115, 외솔회, 2009 년, pp.39-61.

(_____「朴正熙政府のマルグル政策」『ナラサラン 115』ウェソル会、2009 年、
　　　pp.39-61。)

_____, 한국어정책의 이해, 한국문화사, 2010 년.

(_____『韓国語政策の理解』韓国文化社、2010 年。)

편집부, 조선어 학회의 수난 사건, 나라사랑 제 42 집, 외솔회, 1982 년, pp.119-125.

(編集部「朝鮮語学会の受難事件」『ナラサラン』第 42 集、ウェソル会、1982 年、
　　　pp.119-125。)

_____, 문교부의 한글 전용 폐기를 규탄한다 : 教育評論, 1965 년 10 월호, 나라사랑
　　　71, 외솔회, 1989 년, pp.4-14.

(編集部「文教部のハングル専用廃棄を糾弾する：教育評論、1965 年 10 月号」
　　　『ナラサラン』71、ウェソル会、1989 年、pp.4-14。)

한국어문교육연구회, 한글전용법안 (1948, 제헌국회) 속기록 전문, 어문연구 7 권
　　　4 호, 한국어문교육연구회, 1979 년, pp.472-495.

(韓国語文教育研究会「ハングル専用法案 (1948、制憲国会) の速記録全文」『語
　　　文研究 7 巻 4 号』韓国語文教育研究会、1979 年、pp.472-495。)

한국어문교육연구회편, 어문총서 1-1 국한혼용론, 도서출판 월인, 2006 년.

(韓国語文教育研究会編『語文叢書 1-1 国漢混用論』図書出版ウォリン、2006
　　　年。)

한글학회, 한글전용으로의 길, 선일인쇄사, 1971 년.

(ハングル学会『ハングル専用への道』ソニル印刷社、1971 年。)

_____, 국어학사전, 한글학회, 1995 년.

(_____『国語学辞典』ハングル学会、1995 年。)

_____, 한글학회 100 년사, 한글학회, 2009 년.

(_____『ハングル学会 100 年史』ハングル学会、2009 年。)

허재영, 일제강점기 조선인을 대상으로 한 일본어 보급 정책, 담화인지언어학회 공동
　　　학술대회, 사회언어학회, 2004 년, pp.127-143.

(ホ・ジェヨン「日帝強占期の朝鮮人を対象とした日本語普及政策」
『談話認知言語学会共同学術大会』談話・社会言語学会、2004 年、pp.127-

143。）

_____, 일제 강점기 일본어 보급 정책 연구, 한말연구 제 14 호 , 한말연구학회, 2004
년, pp.279-315.

(_____「日帝強占期日本語普及政策研究」『ハンマル研究』第 14 号、ハ
ンマル研究学会、2004 年、pp.279-315。）

_____, 근대계몽기 이후 문맹퇴치 및 계몽 운동의 흐름, 국어교육연구 제 13 집, 서
울대학교 국어교육연구소, 2004 년, pp.577-605.

(_____「近代啓蒙期以降の文解教育及び啓蒙運動の流れ」
『国語教育研究第 13 集』ソウル大学国語教育研究所、2004 年、pp.577-605。）

_____, 일제강점기 어문 정책과 어문 생활, 경진, 2011 년 .

(_____『日帝強占期の語文政策と語文生活』キョンジン、2011 年。）

許喆,『現代国語使用頻度調査 1・2』를 통해 본 漢字語의 비중 및 漢字의 活用度조
사, 한문교육연구 제 34 호, 한국한문교육학회, 2010 년, pp.221-244.

(許喆「『現代国語使用頻度調査 1・2』を通してみた漢字語の割合及び漢字の活
用度調査』『漢文教育研究第 34 号』韓国漢文教育学会、2010 年、
pp.221-244。）

北朝鮮語文献

김일성, 김일성저작집 2 (1946.1-1946.12), 조선로동당출판사, 1979 년 .

(金日成『金日成著作集 2 (1946.1-1946.12) 』朝鮮労働党出版社、1979 年。）

_____, 김일성저작집 9 (1954.7-1955.12), 조선로동당출판사, 1980 년 .

(_____『金日成著作集 9 (1954.7-1955.12) 』朝鮮労働党出版社、1980 年。）

_____, 김일성저작집 18 (1964.1-1964.12), 조선로동당출판사, 1982 년 .

(_____『金日成著作集 18 (1964.1-1964.12) 』朝鮮労働党出版社、1982 年。）

_____, 김일성저작집 20 (1965.11-1966.12), 조선로동당출판사, 1982 년 .

(_____『金日成著作集 20 (1965.11-1966.12) 』朝鮮労働党出版社、1982 年。）

_____, 김일성저작집 21 (1967.1-1967.12), 조선로동당출판사, 1983 년 .

(_____『金日成著作集 21 (1967.1-1967.12) 』朝鮮労働党出版社、1983 年。）

英語文献（A,B,C 順）

Cooper, R.L. *Language planning and social change.* Cambridge University Press. 1989.

Chomsky, N. *Aspects of the Theory of Syntax. Cambridge,* Mass.: MIT Press. 1965.

Chris Rogers & Lyle Campbell. *Endangered Languages.* Oxford Research Encyclopedia of Linguistics. 2015.

Eastman, C.M. *Language planning: an introduction,* Novato, CA: Chandler & Sharp publishers. 1983.

Hornberger, N.H. Framworks and models in Language policy and planning, In Thomas Ricento（ed.）, *An Introduction to Language Policy: Theory and Method,* Blackwell. 2006. pp.24-41.

Hymes, D.H. The Ethnography of Speaking. In T. Gladwin and W.C.Sturtevang（eds）, *Anthropology and Human Behavior,* Washington, DC: Anthropological Society of Washington. 1962. pp.13-53.

Spolsky, Bernard. *Language Policy.* Cambridge University Press. 2004.

Spolsky, Bernard & Shohamy, Elana. Language practice, Language ideology, and Language policy. In Lambert & Shohamy（eds.）*Language Policy and Pedagogy.* John Benjamins. 2000. pp.1-41.

Swann et al. *A dictionary of sociolinguistics, Edinburgh*: Edinburgh University Press. 2004.

Shohamy, *Elana. Languate policy: Hidden Agendas and New Approaches,* Routledge. 2006.

Wright, Sue. *Language Policy and Language Planning: From Nationalism to Globalisation.* Palgrave MacMillan. 2004.

韓国政府の記録資料

公報處, 한글 문제에 관하여, 대통령이승만박사담화집 2, 公報處, 1956 년, 연설일자 :1955.9.19

（公報処「ハングルの問題について」『大統領李承晩博士談話集』2、公報処、1956

年、演説日付 :1955.9.19)

公報處, 法律, 官報第 8 號, 1948 년 . （公報処「法律」『官報第 8 号』1948 年。）

국무총리비서실, 국무회의 상황보고에 관한 건 （제 76 회）, 1953 년, pp.86-89.

（国務総理秘書室「国務会議状況報告に関する件」（第 76 回）、1953 年、pp.86-89。）

대검찰청, 한글전용에 관한 건, 1958 년 . （大検察庁「ハングル専用に関する件」1958 年。）

대통령기록 연구실, 한글 사용에 관하여, 연설일자 :1949.10.12

（大統領記録研究室「ハングル使用に関して」演説日付：1949.10.12）

대통령비서실, 한글철자 개정에 관한 건, 1950 년 .

（大統領秘書室「ハングル綴字改定に関する件」1950 年。）

文教部, 國務會議附議事項（文盲國民完全退治計劃）, 總務處議政局議事課, 1953 년, pp.304-310.

（文教部「国務会議附議事項（非識字国民完全退治計画）」総務処議政局議事課、1953 年、pp.304-310。）

문교부, 한글간소화 방안 （원칙 이익편）제 33 회, 총무처 의정국 의사과, 1954 년, pp.627-658.

（文教部「ハングル簡素化法案（原則・利益編）」第 33 回、総務処議政局議事課、1954 年、pp.627-658。）

_____, 한글 전용 적극추진에 관한 건 （제 117 회）, 1957 년, pp.610-612.

（_____「ハングル専用の積極推進に関する件」第 117 回、1957 年、pp.610-612。）

_____, 국어심의회 규정 （안）제안, 1964 년, pp.267-335.

（_____「国語審議会規程（案）提案」1964 年、pp.267-335。）

문교부 외, 국무회의 부의 사항 （제二차 전국문맹퇴치교육 실시 계획안）, 총무처 의정국 의사과, 1954 년, pp.1-28.

（文教部他、「国務会議附議事項（第 2 次全国識字教育実施計画案）」総務処議政局議事課、1954 年、pp.1-28。）

법제처, 한글 전용에 관한 법률, 1948 년, pp.109-113.

（法制処「ハングル専用に関する法律」1948 年、pp.109-113。）

總務處, 國務會議錄送付의 件（제 10 회）, 1954 년, pp.561-588.

（総務処「国務会議録送付の件」第 10 回、1954 年、pp.561-588。）

_____, 국어심의회 규정（안）, 1964 년, pp.53-62.

（_____「国語審議会規程（案）」1964 年、pp.53-62。）

전라북도 교육위원회 관리국 서무과, 한글전용（국무총리훈령 제 68 호）, 1969 년,
       pp.194-203.

（全羅北道教育委員会管理局庶務課「ハングル専用（国務総理訓令第 68 号）」
1969 年、pp.194-203。）

官報

『官報』第 3797 号、1925 年 4 月 22 日。

_____第 5132 号、1968 年 12 月 24 日。

韓國學文献研究所（編）『朝鮮総督府官報』 서울亜細亜文化社、1911 年。

_____『朝鮮総督府官報』서울亜細亜文化社、1912 年。

_____『朝鮮総督府官報』서울亜細亜文化社、1922 年。

_____『朝鮮総督府官報』서울亜細亜文化社、1938 年。

日本政府資料

朝鮮総督府『朝鮮の国民総力運動』1943 年。

新聞・雑誌

Newsweek 日本版「『言語の絶滅』で失われる世界の多様性」（2017・1.6 日付）

堀尾太郎編『教育時論』第 919 号、開発社（1910.10.25 日付）

中央日報日本語版「『噴水台』大統領の歌」（2009.6.3 日付）

경향신문（京郷新聞）（1957.10.9 日付）（1962.1.8 日付）（2008.8.18 日付）

동아일보（東亜日報）（1955.2.26 日付）（1961.12.19 日付）（1970.5.28 日付）（2011.12.3
       日付）

월간조선（月刊朝鮮）（1999.12 月付）

164

한겨레신문（ハンギョレ新聞）（1996.1.1 日付）

한겨레 21 제 310 호（『ハンギョレ 21』第 310 号）（2000 年 6 月 1 日付）

参考 URL

文化庁（http://www.bunka.go.jp）

日韓文化交流基金（http://www.jkcf.or.jp）

21 世紀政治学大辞典（http://terms.naver.com）

漢字を捨てた韓国（http://www.geocities.jp/kiteretsuchop/ronbun/kanji.html）

국가기록원(国家記録院)（http://contents.archives.go.kr）（http://theme.archives.go.kr）

두산백과（斗山百科）（http://www.doopedia.co.kr）

동학농민혁명（東学農民革命）（http://donghak.jeongeup.go.kr）

대통령기록연구실（大統領記録研究室）（http://www.pa.go.kr）

디지털 한글 박물관（デジタルハングル博物館）（http://www.hangeulmuseum.org）

통일부 북한정보포털（統一部北朝鮮情報ポータル）（https://nkinfo.unikorea.go.kr）

한말글 현대사（ハンマルグル現代史）（http://hanmalgeulhyeondaesa.tistory.com/）

한국학 중앙연구원（韓国学中央研究院）（http://www.aks.ac.kr）

著者紹介

李 善英（リー・スンヨン）

　1985 年　韓国高敞生まれ。

　2008 年　長崎外国語大学外国語学部卒業 。

　2010 年　立命館大学大学院言語教育情報研究科修士課程修了。

　2020 年　立命館大学大学院国際関係研究科博士課程修了。

　現　在　立命館大学コリア研究センター・客員研究員、Max Lesson 韓国語講師。

主要実績

・「植民地朝鮮における言語政策とナショナリズム－朝鮮総督府の朝鮮教育令
　と朝鮮語学会事件を中心に－」『立命館国際研究』25 巻 2 号、立命館国際関
　係学会、pp.145-169、2012 年。

・「韓国における漢字廃止政策－李承晩政権期を中心に－」『立命館国際研究』
　30 巻 2 号、立命館国際関係学会、pp.117-143、2017 年など。

朝鮮半島における言語政策の展開
910〜1979　消滅言語の危機を乗り越え
ハングル専用化へ

2020 年 9 月 10 日　第 1 刷

著者

李 善英

発行人

酒井 武史

装丁デザイン　リージョナル・バリュー

発行所　株式会社　創土社

〒 189-0012　東京都東京都東村山市萩山町 5-6-25-101

電話 03-5737-0091　FAX 03-6313-5454

http://www.soudosha.jp

印刷　株式会社イニュニック

ISBN978-4-7988-0237-4　C0030

本体価格はカバーに印刷してあります。